绿色发展与生态文明研究丛书

家庭农场化

——现代农业之路

潘义勇　著

暨南大學出版社
JINAN UNIVERSITY PRESS

中国·广州

图书在版编目（CIP）数据

家庭农场化：现代农业之路/潘义勇著．—广州：暨南大学出版社，2016.11
（绿色发展与生态文明研究丛书）
ISBN 978－7－5668－1790－7

Ⅰ.①家…　Ⅱ.①潘…　Ⅲ.①家庭农场—研究—中国　Ⅳ.①F324.1

中国版本图书馆CIP数据核字（2016）第069445号

家庭农场化——现代农业之路
JIATING NONGCHANGHUA—XIANDAI NONGYE ZHI LU
著　者：潘义勇

出 版 人：徐义雄
责任编辑：曾鑫华　李倬吟
责任校对：林冬丽
责任印制：汤慧君　周一丹

出版发行：暨南大学出版社（510630）
电　　话：总编室（8620）85221601
营销部（8620）85225284　85228291　85228292（邮购）
传　　真：（8620）85221583（办公室）　85223774（营销部）
网　　址：http://www.jnupress.com　http://press.jnu.edu.cn
排　　版：广州市天河星辰文化发展部照排中心
印　　刷：深圳市新联美术印刷有限公司
开　　本：787mm×1092mm　1/16
印　　张：12.5
字　　数：200千
版　　次：2016年11月第1版
印　　次：2016年11月第1次
定　　价：32.00元

前　言

家庭农场是实现农业现代化的主要经营主体。近二十年来，笔者陆续发表过关于家庭农场在我国现代农业中的地位、作用与意义的论文。当时，学界和实际工作部门对这个问题的相关研究并不太重视。一些人认为，中国国情特殊，人多地少；并且土地是农民的保命田，是维系社会稳定的基础，搞家庭农场意味着许多小农户将因失去土地而被兼并到家庭农场中。所以不少人认为，在中国推行家庭农场简直是天方夜谭。因为摆脱不了传统农业思维方式的束缚，以致长期以来，研究实行家庭承包制后如何搞股份合作制和合作社的多，研究现代式家庭农场的少，想搞家庭农场的人更对前景缺乏信心。笔者虽一度中断对这个问题的研究，但仍坚信中国要实现农业现代化，家庭农场化始终是不可回避的选择，不管走多长的弯路，最终都要走到这条路上来。在此理念的支撑下，笔者始终对中国农业家庭农场化充满憧憬与期待。

中国是一个典型的小农制国家，自秦初“废井田，开阡陌”，实行户口制以来，以户为单位的小农经济成为社会历史的常态。当然，在漫长的小农经济历史中，也曾存在着土地向封建地主和官僚集中的情况。每当土地高度集中到封建地主和官僚时，就意味着劳动人民失去赖以生存的条件，意味着人民陷入水深火热之中。强加在农民头上的苛捐杂税、徭役，置人民于饥寒交迫的恶劣环境之中，迫使农民一次又一次起义，但换来的新朝代、新政权仍然走不出封建专制主义的制度框架。

中国封建主义的专制社会历史特别漫长，有人从文化角度认为这是受儒家文化的影响；有人从经济角度认为这是封建地主垄断了土地，即土地的地主所有制，以及小农经济的分散性。最具代表性的有两种观点：一种认为“中国历史上主要是封建地主制度，小农为数甚少，无足轻重，并且缺乏稳定性，在态度上保守落后，这是造成封建社会长期停滞落后的主要原因”；另一种则认为中国封建社会的经济基础是以一家一户的个体经济为主的小农制经济，这才是造成封建社会长期停滞的主要原因。毛泽东早在1943年就曾指出：“在农民群众方面，中国几千年来都是个体经济，一家一户就是一个生产单位。这种分散的个体生产，就是封建统治的经济基础，而使农民自己陷入永远的穷苦。”这种说法不无道理，自北魏至隋唐，统治者都积极推行均田制，既使政府控制的小自耕农人数大大增加，又保证了中央专制主义集权统治的赋税来源和经济基础。

这两种观点都从不同侧面强调了封建土地制度的局限性。但是，根本原因不是地主兼并控制出租经营土地，或者土地由政府直接分配租给小农户耕种的经营主体形式和变化问题，而是土地制度本身。土地是以皇权为中心的国家所有，“普天之下，莫非王土；率土之滨，莫非王臣”。由于农民没有土地的所有权，他们只能从地主和官僚手中租入土地，因而受到地主官僚和朝廷的双重盘剥。所以，无论是封建地主和官僚兼并土地用于出租，还是朝廷没收地主和官僚的大部分土地直接分配租给农民，都是为了巩固封建的皇权专制统治需要，只是后者比前者更有利于封建专制统治而已。

在工业革命之前，无论是维持封建地主和官僚对土地的兼并垄断，还是在分散配租给小农户的基础上，都不可能发展和过渡到规模化商品经济的现代型家庭农场，因为现代型家庭农场经济是建立在土地产权主体明晰和政府补贴服务、社会保障基础上的。

16世纪以来，当欧洲的小农制正在经历资本主义的发展和改造时，中国的小农制却日益“内卷化”；当欧洲的小农社会正在经历阶级分化和全面向资本主义转化时，中国仍停留在小农社会阶段；当欧洲越来越多的小农户正在转化为新兴的无产阶级成员时，中国的小农户仍旧是传统社会结构的主体、超稳定的存在，只是经历了小部分的无产化。中西财富与势力的不均衡，是中国遭受帝国主义侵略的社会背景，同时也是促成19—20世纪大规模农民运动的乡村危机的根源。英国社会学家R. H. 托尼曾经对1931年中国小自耕农的生存状态做了形象的描述：“有些地区的农村人口的景况，就像一个人长久地站在齐腰深的河水中，只要涌来一阵细浪，就会陷入灭顶之灾。”因为，这种“小片的土地、古老的耕作技艺，变幻莫测的气候以及国家强征的徭役、恭金、贡品等，使每个村头都可见到饥饿的幽灵，有时还发生饥荒，他们面临着极其严重的生存危机”，“这个半无产化了的小农经济的形成，正是中国解放前农村数世纪以来大规模动荡的结构性基础”。

由此可见，中国历史上的小农经济之所以如此脆弱，是因为缺少土地个人所有制或农户所有制。以英国、美国为代表的欧美家庭农场经济得以建立，是由于经历过农业的土地革命后，实现了土地私有化和国家政府对失地农民的社会保障和对农业的补贴，使小农经济顺利地过渡到与资本主义市场相适应的家庭农场经济。在近百年来我国的土地革命中，第一次土地革命把土地从封建地主和国家所有制解放出来，为农民个人所有。这一伟大变革，使中国共产党领导农民取得全国政权。新中国成立后，又在尚未经过土地改革的原国民党统占区继续推进土地改革，也同样成效显著，为迅速恢复国民经济奠定了制度基础，对巩固新中国政权发挥了决定性的作用。所以，土地个人所有权的明晰，无论是在夺取政权的战争岁月，还是在取得政权后的和平建设时期，都是一个好的制度设计与制度安排。可惜这个制度没有继续坚持实行，而是照搬苏联的集体农庄制度，使中国走了漫长的弯路。这条弯路造成的制度影响，至今仍无法从根本上消除。就是说，我们的土地所有权仍然无法恢复个人所有或农户所有，均田承包制后的土地仍然属于变换了名称的“集体所有制”及国有制。模糊的产权制度，如同历史上的小农经济一样，是极其脆弱的，不能适应全球农业市场竞争的需要。但是，在现行土地产权制度上农民又无法走向现代农业，发展家庭农场经济。

本书研究家庭农场经济，旨在借鉴现代化国家发展现代农业的行之有效的家庭农场经营主体，结合我国的实际，推进家庭农场经济制度的建立与发展。为此，必须落实《中华人民共和国物权法》，还地权于民，实现民营、民享、民有。与此同时，推进户口制度改革和人口城镇化，实施社会保障和农业补贴，为发展家庭农场经济、实现农业现代化提供制度和政策保障。

潘义勇

2015 年 9 月 19 日

目 录

1　现代农业之路——家庭农场化

农业是一个经济再生产与自然再生产相交织的特殊产业，其生产活动的分散性、频繁性导致对其进行监督和计量非常困难，因此容易产生信息不对称、委托—代理及机会主义行为等问题，从而导致农业生产效率低下。这一特点决定了不管在何种社会形态背景下实施的集体共耕方式都难有效率。

家庭作为一种特殊的利益共同体，拥有包括血缘、感情、婚姻伦理等一系列超经济的社会纽带，更容易形成共同目标和行为一致性。以家庭为单位进行农业劳动，在农业生产过程中不需要进行精确的劳动监督和计量，劳动者具有更大的主动性、积极性和灵活性。因此，家庭农场作为一种有效率的组织形式，完美地解决了农业生产中的合作、监督和激励问题，是农业生产经营的最佳组织形式，也是世界各国农业生产中占绝对优势的经营主体。

1.1　家庭农场的特征

在认识特征之前，首先要认识家庭农场的基本概念。家庭农场是指以家庭成员为主要劳动力，以农业收入为主要来源的农业经营单位。以家庭成员为主要劳动力，从事农业规模化、集约化、商品化生产经营，并以农业收入作为家庭主要收入来源的新型农业经营主体，可以提高农业集约化经营水平、提升农业效益。人们对家庭农场有不同的理解与解读，有“三特征说”，也有“四特征说”。“三特征说”认为：其一，家庭农场经营者主要是农民或其他长期从事农业生产的人员，主要依靠家庭成员，并辅以雇用农工从事生产经营活动。其二，家庭农场专门从事农业生产，主要进行种养业专业化生产，经营者大都热爱农业，接受过农业知识教育或技能培训，或自学农业科学知识和生产经营管理，有一定的市场意识。其三，家庭农场经营规模适度，种养规模与家庭成员的劳动生产能力和经营管理能力相适应，符合当地确定的规模经营标准，收入水平能与当地城镇居民相当，实现较高的土地产出率、劳动生产率和资源利用率。“四特征说”认为家庭农场要具备以下四个特征：一是具有一定规模，以区别于小农户。二是以家庭劳动力为主，以区别工商资本农场的雇工农业。三是具有稳定性，以区别于兼业农民和各种承包的短期行为。稳定性是农业生产特点所要求的，是农业经验与技术积累和农地的可持续利用的重要条件。家庭农场涉及规划、计划、财产、品牌建设、农场继承等一系列问题，稳定性是必然要求。四是要进行工商注册。家庭农场作为农业企业的一种形式，不同于小农户和某些流动的承包大户，注册为家庭农场，便于政府管理与政策支持。其实，“三特征说”与“四特征说”内容相似，只是“四特征说”比“三特征说”多了一个注册与不注册的问题。

这种表述过于冗长杂芜。家庭农场的概念与特征可归结为一句话：在明晰有效的产权制度下，以家庭劳动力为主的规模化、专业化、商品化生产，以及由机械化、信息化装备的农业经营主体构成的现代农业生产经营体系。

1.1.1 家庭农场的特点

家庭农场的最大特点就在于既保留了农户经营农业的优势，符合农业生产特点的要求；同时又可以克服小农户的弊端，是新型职业农民培育的必要条件和现代农业组织的基础。归纳家庭农场的优势，可以列出很多方面，如家庭农场的稳定性和适度规模有利于激发农户的科技需求和应用；有利于农业集约化、专业化和组织化的实现；有利于耕地的保护和可持续利用；有利于培养新型职业农民；有利于提高政府支农政策的针对性和有效性；有利于农业文化的传承等。事实证明，工商资本在农业领域发挥作用的空间是有限的，一般局限在加工和流通过程，因为工商资本承包土地代替农户经营面临诸多风险，并不存在所谓“规模效应”或“提高抗风险的能力”。农业的农户经营形式是不可替代的，未来农业组织最基本的形式应该是在坚持家庭经营的基础上发展一定规模的家庭农场。在实践中不要把家庭农场神秘化或标准化，无论是规模还是经营方式都应该是多样化的。比如，广东一个专业化养猪农场只需两三亩，年养猪出栏可达 2 000 头，除了家庭一对夫妇，再请两个帮工，农场就可以正常运转，每年产值 120 万元，纯收入可达 8 万元；山东栖霞果农，一对夫妇全部精力都用在果园上，最多只能经营 30 亩规模，每年产值可达 80 万元，纯收入 10 万多元，可以注册为家庭农场；黑龙江的农民开着拖拉机，每个劳动力可以种 100 多亩粮食，一户如果有 3 个劳动力，这个家庭农场的规模可达 500 亩，每年产值 100 万元，纯收入也可达 10 万元。农场的类型可以是专业农场，也可以是综合农场。通过建立综合农场，可以解决农业劳动时间分配不均匀的问题，为稳定就业提供保障。家庭农场多样化经营，也有助于避免集中受制于自然影响和传统小农制经济的单一性、脆弱性。

家庭农场具有以下特征：其一，家庭农场经营者主要是农民或其他长期从事农业生产的人员，主要依靠家庭成员而不是依靠雇工从事生产经营活动。其二，家庭农场专门从事农业生产，主要进行种养业专业化生产，经营者大都接受过农业教育或技能培训，经营管理水平较高，示范带动能力较强，具有商品农产品生产能力。其三，家庭农场经营规模适度，种养规模与家庭成员的劳动生产能力和经营管理能力相适应，符合当地确定的规模经营标准，收入水平能与当地城镇居民相当，实现较高的土地产出率、劳动生产率和资源利用率。家庭提供了几乎全部资本；家庭具有很强的独立性；家庭对某块特定的土地有很强的依赖性；重点是在家庭内部，生产活动占主导地位；家庭和企业融为一体，家庭的生活方式会影响企业的决策；农场的管理水平受到农场主能力的限制等。由于具备了以上特征，家庭农场就如同多数小型企业一样，在新的产业体系中承受着很大的压力，特别是在农资的购买、信息的获得、产品的营销、规模经济和资本的筹集等方面压力更大。农业企业的发展趋势是规模越来越大，在美国，6% 的大农场创造了农业产品价值的 59%。特定的产品市场是存在的，但是需要高度专业化的管理，以便获得所需要的产品种类和进行有效的市场规划。

家庭农场面临的形势使得世界上一些具有超前意识的农场主做出

了相应的反应。为最大限度地获得成功，他们以新的、重新组合的要素形成21世纪的农业企业制度。同传统的家庭农场相比，21世纪的家庭农场应该具有这些特征：在信息管理方面发挥更大的作用；进行更多的研究尤其是有助于预测技术方面的研究；农业企业组织形式上的创新，包括租赁、企业联合组织以及非农企业与农业企业的联合经营；注重为即将发生的变化制订计划；在会计记录、财务控制、风险管理以及人力资源管理等方面改善企业管理的业绩；加强农业企业与供应环节的联系、联合与合作，包括家庭农场成员在农场外部的公司企业工作；在以市场为导向的机制下将环境保护、生产过程和产品营销结合起来，实现“从农场到餐桌”的完整的农业产业化体系。

1.1.2 家庭农场出现了新的特征

农产品在国际市场的激烈竞争，促使家庭农场的规模越来越大，以适应国内外竞争的需要。家庭农场主及其成员，要求具备更多的现代企业管理知识与理念。把现代企业管理引进家庭农场的经营管理之中，就需要家庭农场主及其成员不断学习新的知识，提高经营管理的能力。而这些能力中有许多是一般性能力，适合多数企业的经营管理，这些一般性能力包括：适应变化的能力；确定目标与制订计划的能力；市场营销的能力、企业管理的能力；创造性思考的能力；自信心；伦理价值观念的保持能力；交流能力——书面和口头的交流；信息管理的能力；人力资源管理的能力——自我管理、集体管理和其他个体的管理；学习知识的能力。除一般性能力外，21世纪成功的家庭农场还需要其成员具备一些特殊能力：技术管理的能力；生产管理的能力；获得特定产业体系供应环节知识的能力；环境管理的能力。由于以生产为中心的传统的家庭农场已不存在，家庭农场成员具备特殊能力就越来越有必要。经营者必须获得这些能力，或者聘用具有这些特殊能力的人才，以帮助经营。

为了使家庭农场成员具备以上能力，就要使每个成员都成为学习者，他们需要接受五个基本的前提：第一，家庭农场成员必须对自己的学习负责。在传统的以生产为导向的体制下，大部分教育由教育者引导并产生一般性的效果；而在新的农业产业制度下，每一个家庭必须找出适合自己的学习方案。教育是一种服务，必须以市场为导向。

家庭农场成员只有像消费者那样对自己的学习负责、为自己的学习制订计划并确保有适当的机会落实这些计划，教育才会取得效果。对自己的学习负责还意味着家庭在时间和经济上的付出。第二，每一个家庭农场成员都要学习。那种由一人做主经营农场的模式已成为历史。所需能力的扩大和持续的迅速变化使得家庭农场中的所有成员，不分年龄、性别，无论在农场中从事何种工作，都有必要学习某一方面的专业知识。因此，在某一个家庭农场里，母亲可能侧重于学习企业管理和市场营销方面的知识，儿女们可能侧重于学习信息管理方面的知识，而父亲则可能专门学习生产和环境管理方面的知识。如果雇用的人员参与管理，也需要具备这些管理知识及技能。这种协作方式有助于将家庭农场与垂直一体化体系中的合作者更广泛地联系起来。第三，在农场内部很难有效地获得许多新的能力。在传统的工作环境下，情况更是如此。正规的课程和非农就业经历是必要的。第四，学习计划需要利用多种途径。这就意味着学习者要确信他们已经了解所有相关的学习机会，学习者还需要了解能满足他们学习要求的教育程度（如大学教育、职业教育）。第五，学习需要坚持不懈。管理环境和农场家庭都在不断发生变化，因此，所有的家庭农场成员都必须不断学习以适应这种变化。

实现以上五个基本前提，就要着手对环境进行分析，以确定个人、家庭和企业目标，以便制订家庭农场人力资源的开发计划，即具体的学习计划。在确定个人、家庭和企业的目标时，要求所有的利益关系人参与，相互沟通和理解；还要收集潜在的活动及其成本、收益等方面的信息，这些目标要涵盖所有方面——经济、职业、亲属关系和娱乐等。要为家庭农场中的所有成员，包括在农场工作和不在农场工作的家庭农场成员以及姻亲在内，确定目标。该学习计划不仅包括“补课”计划以弥补目前知识的不足，还包括对未来活动的开发计划。计划一旦实施，就需要进行必要的监督，并定期对所确定的目标和所采取的措施进行检查。该行动计划的成功实施将使家庭农场在 21 世纪具有竞争力，形成家庭协作精神，并有助于保持传统的文化价值观念。[①] 家庭农场新特征表明，现代农业对家庭农场发展提出了更高的要求。

---

① 《风险和市场风险》，《农民日报》，2000 年 4 月 7 日第 3 版。

1.2 家庭农场是农业革命的产物

要理解家庭农场的制度基础，就要了解家庭农场是怎么产生的。家庭农场是农业革命的产物。农业革命是指通过对土地关系、生产组织和耕作技术的改造，大幅度地提高农业劳动生产率。

英国是农业革命的主要发源地，同时也是家庭农场的发源地。英国的农业革命开始于16世纪，是英国都铎王朝统治时期。此时，英国正处于由封建社会向资本主义社会过渡的重要历史阶段，资本原始积累正在剧烈地进行，整个社会充斥着变革：社会经济结构方面，出现了资本主义萌芽；文化思想和意识形态方面，进行了宗教改革和清教运动；文学艺术方面，涌现出大批人文主义者，发源于意大利的文艺复兴运动方兴未艾，并向英国蔓延；经济方面，英国孕育了第一次工业革命，产生了最初的资产阶级；政治方面，建立了君主立宪制和统治机构。在都铎王朝时期，整个英国正经历着一场从经济基础到上层建筑的大变革。从封建社会母体中孕育出来的资本主义生产方式在这场大变革中，从小到大发展起来。16世纪英国的农业革命正是这场大变革的经济基础。①

16世纪英国农业取得了巨大的进步，在某些方面甚至发生了革命性的变化。因此，一些英国史学家认为英国的农业革命开始于16世纪。② 例如，英国史学家克里基在他的《农业革命》一书的序言中说：

> 本书论证英国的农业革命发生在16—17世纪，而不是在18—19世纪。认为16世纪的英国农业革命主要表现在农业生产技术的革新和社会生产关系初步变革两个方面。农业生产技术的革新又主要反映在耕作技术的变革、生产工具的改进、草场管理的改革……③

早在1867年，马克思在《资本论》中就多次提到农业革命，他着重评述农业革命中的一种手段——圈地运动，但没有详细论述农业革命的过程。在英国农民阶级被消灭的问题上，其论述让人颇为

① 王乃耀：《十六世纪英国农业革命》，《史学月刊》1990年第2期，第83－89页。
② 王乃耀：《十六世纪英国农业革命》，《史学月刊》1990年第2期，第83－89页。
③ 王乃耀：《十六世纪英国农业革命》，《史学月刊》1990年第2期，第83－89页。

费解。①

20 世纪上半叶，洛德·厄恩利的“农业改革精英论”始终占据统治地位。1921 年，洛德·厄恩利在其《古今英国农耕业》中提出：“有目共睹的 18 世纪农业革命是与杰恩罗、塔尔、汤森德勋爵、迪什勒的贝克韦尔、亚瑟杨、诺福克的科克等人联系在一起，他们的大名就意示农业革命之特征。”

长期以来，英国农业革命是西方经济史学界讨论的热门话题之一，因为经济史学家们渐渐意识到英国工业革命不仅经历了漫长的渐进发展过程，而且与前工业化时期英国的农业革命密切相关。历史学家大多相信，英国 18 世纪中期开始的工业革命与经济起飞首先应归功于英国历史上的这场农业革命。但是农业革命发生于何时？其内涵是什么？西欧的经济史学家们和历史学家们的出发点不同，得出的结论也不尽一致。对于农业革命发生与结束的时间这个问题，众说纷纭。著名农业经济史学家克里奇认为，英国农业革命始于 1560 年，结束于 1767 年，而其中的大部分成就是在 1673 年以前取得的。② 马克·奥福顿把农业革命限定在 1550—1650 年。尽管各个历史学家和经济史学家划分的具体时间有一些差异，但大体的时间还是一致的。不管是哪一种说法，都表明了两个内涵：一是英国最早开始具有现代意义的土地产权革命；二是英国三四百年前的那场农业革命，为后来产生家庭农场奠定了制度基础。

1.3　家庭农场的基本模式

当今世界的家庭农场有三种基本模式。

第一种，以美国为代表的大型家庭农场。

据最新公布数据，美国共有 220 万个农场，98% 是家庭农场，非家庭农场只占 2%。在家庭农场中，小型的占 88%，大型的只占 10%。在小型家庭农场中，18% 为退休者农场，45% 为生活式农场，25% 为职业农场。

家庭农场经营规模差异较大。美国农场的平均面积为 2 428 亩。

① 王乃耀：《十六世纪英国农业革命》，《史学月刊》1990 年第 2 期，第 83 - 89 页。

② 赵冈编著：《农业经济史论集：产权、人口与农业生产》，北京：中国农业出版社 2001 年版，第 209 - 212 页。

退休者农场和生活式农场的平均面积分别为 1 056 亩和 898 亩，职业农场的平均面积为 2 634 亩。大型家庭农场的平均面积为 10 896 亩，非家庭农场的平均面积为 6 671 亩。

大型家庭农场是农产品的主要提供者。大型家庭农场仅占农场总数的 10%，却贡献了农业总产值的 60% 以上。大型家庭农场和非家庭农场仅占农场总数的 12%，却贡献了农业总产值的 84%。年销量过 100 万美元的农场只占 2%，却贡献了农业总产值的 53%，主宰了主要高经济价值农产品——高价值农作物、生猪、乳制品、家禽、肉牛的生产。

相比之下，小型家庭农场占农地面积的 63%，持有农场资产的 64%，贡献的农业产出仅占 16%，它们也贡献了谷物和大豆的 23%、饲料草的 51%、烟草的 34%、肉牛的 22%。

家庭农场的土地以自我经营为主。大多数退休者农场、生活式农场、非家庭农场经营的土地为自己所有，主要由自我经营。美国家庭农场大多为夫妇共同经营，也有部分为多代共同经营。每个农场的经营者平均为 1.8 个人，55% 有 2 个或 2 个以上的经营者，16% 是多代共同经营。在大型家庭农场和非家庭农场中，多代共同经营最为普遍。

农场利润和收入状况与经营规模高度相关，小农场收入主要来自非农收入。大型家庭农场平均利润多为正，有 40% ~45% 的大型家庭农场平均利润率超过 20%；45% ~75% 的小型家庭农场的经营利润率为负，退休者农场、生活式农场和其他一些小型农场大多亏损。小型家庭农场之所以能继续存在，主要是因为有其他收入来源，如非农工资、投资利息、分红、社会保障等公共项目收益，以及赡养费、养老金、房产或金融资产收入、退休金等。小型家庭农场的非农收入有 76% 来自工资收入。退休者农场非农收入的 60% 来自社会保障、抚恤、股息、利息、租金等。

在美国，农场经营者家庭平均收入高于中等家庭平均水平。2007 年，家庭农场平均收入 8.9 万美元，大型家庭农场平均收入 10 万 ~15 万美元，中等收入家庭平均为 5.02 万美元。

美国的农业以家庭农场为主，由于许多合伙农场和公司农场也以家庭农场为依托，因此美国的农场几乎都是家庭农场。可以说美国的农业是在农户家庭经营基础上进行的，具有如下特点：

（1）经营规模化和组织方式多样化。从经营规模来看，其发展与趋势表现为农场数量的减少和经营规模的扩大。20 世纪以来，美国家庭农场在数量上上升至 89%，拥有 81% 的耕地面积、83% 的谷物收获量、77% 的农场销售额。

（2）生产经营专业化。美国分为 10 个农业生产区域，每个区域主要生产一两种农产品。北部平原是小麦带，中部平原是玉米带，南部平原和西北部山区主要饲养牛、羊，五大湖地区主要生产乳制品，太平洋沿岸地区盛产水果和蔬菜。在这种区域化布局的基础上，建立和发展了生产经营的专业化。

（3）土地所有权私有化。美国经过几十年的探索，于 1820 年将共有土地以低价出售给农户，建立家庭农场的农业经济制度。正是这种制度的建立，促进了美国开发西部的热潮。

第二种，以法国为代表的中型家庭农场。

法国作为欧盟第一农业生产国、世界第二大农业和食品出口国、世界食品加工产品第一大出口国，其家庭农场的作用功不可没。法国有各类家庭农场 66 万个，平均经营耕地 42 公顷，其中 60% 的农场经营谷物、11% 的农场经营花卉、8% 的农场经营蔬菜、5% 的农场经营养殖业和水果，其余为多种经营。75% 以上的家庭农场劳动力由经营者家庭自行承担，仅 11% 的农场需雇用劳动力进行生产。由于农产品市场竞争日趋激烈，加上用工成本的不断提高，法国的家庭农场出现了以兼并的形式不断扩大规模和发展农工商综合经营的产业化趋势。法国农场专业化程度很高，按照经营内容大体可以分为畜牧农场、谷物农场、水果农场、蔬菜农场等，专业农场大部分经营一种产品，以突出各自产品的特点为主。

第三种，以日本为代表的东亚小型家庭农场。

1946—1950 年，日本政府采取强硬措施购买地主的土地转卖给无地、少地的农户，自耕农在总农户中的比重占了 88%，耕地占了 90%，并且把农户土地规模限制在 3 公顷以内。1952 年，日本制定了《土地法》，把以上规定用法律形式固定下来，从此形成了以小规模家庭经营为特征的农业经营方式。从 20 世纪 70 年代开始，日本政府连续出台了几个有关农地改革与调整的法律法规，鼓励农田以租赁和作业委托等形式协作生产，以避开土地集中的问题和分散的土地占有给农业发展带来的障碍因素。以土地租佃为中心，促进土地经营权流动，促进农地的集中连片经营和共同基础设施的建设。以农协为主，帮助核心农户和生产合作组织妥善经营农户出租或委托作业的耕地。这种以租赁为主要方式的规模经营战略获得了成功。①

1.4 家庭农场发展的环境与条件

为什么中国经历两千多年的传统农业，至今难以逾越？新中国成立后，又努力探索改造小农经济的道路，但始终收效甚微，至今仍然徘徊在小农经济的境地中。这是由于中国缺乏家庭农场发展的社会环境与条件。然而，纵观同时代的工业化发达国家，家庭农场能够随着工业化的发展而发展，并且至今长盛不衰，是因为这些国家具有了发展家庭农场的良好环境与条件。

第一，有明晰而完善的产权制度。工业化发达国家的家庭农场都有一个共同的制度，就是农地所有权的农户所有制。在他们的农场中，主要的土地归农户所有，也有的是通过土地租赁方式来增加和扩大农场规模的。但是明晰的、受到法律保护的土地私有权是这些家庭农场赖以成长和长期存在下来的制度基础。

第二，有良好的社会保障。家庭农业是一种面临国内与国际市场竞争的现代化、商品化农业，也是一个受自然条件制约的产业，因而是充满高风险的产业。所以在发达国家中，小农场破产是常有的事。但是这些国家的农户并不害怕破产，因为他们有完善的社会保障制度，不会因为农场经营不下去就无法维持生活。完善的社会保障，使他们即使卖掉了农场也能生存下去，并有可能再寻求其他的发展机会。

第三，有完善的农业补贴制度。农业作为第一产业，与第二产业和第三产业相比，劳动生产率较低。第一产业的劳动生产率仅相当于第二产业的1/8、第三产业的1/4。由于生产周期长和受自然条件制约严重，农业生产会有投入成本高、风险大，以及收入不稳定的现象。各国都实行了对农业的补贴政策，保障家庭农场不因为市场环境变化及自然灾害而放弃或减少生产，保证一个国家农业生产供给的稳定性，也提高了家庭农场和农业产品在全球市场的竞争力。

第四，有国家力量支持。国家元首或政府首脑通过各种外交和外贸洽谈，以及其他途径和手段，促销本国的农业产品，打开和扩大农

---

① 王乃耀：《十六世纪英国农业革命》，《史学月刊》1990年第2期，第83－89页。

产品在世界市场的出口量，以此促使本国家庭农场的生产持续发展下去。

第五，有农业金融信贷和农业保障服务。发达国家的家庭农场可以以农场土地作为抵押来换取土地银行等金融机构的贷款、政策性低息或免息贷款。农业保障可以给农场经济在市场竞争或自然灾害情况下的农业失收提供保障，从而避免家庭农场陷入破产。

以上五条，使发达国家的家庭农场经济能够持久地发展下去。而包括我国在内的传统农业国恰恰缺乏这些环境与条件，这给包括我国在内的传统农业国家发展现代农业提供了非常有益的经验示范和改革借鉴。

2 传统农业的运行模式

2.1 中国传统农业的特点

传统农业由粗放经营逐步转向精耕细作，由完全放牧转向舍饲或放牧与舍饲相结合，利用改造自然的能力和生产力水平等均较原始农业大有提高。传统农业的特点是精耕细作，农业部门结构较单一，生产规模较小，经营管理和生产技术仍较落后，抵御自然灾害能力差，农业生态系统功效低，商品经济较薄弱，基本上没有形成生产地域分工。传统农业从奴隶社会起，经封建社会一直到资本主义社会初期，直到现在仍广泛存在于世界上许多经济不发达国家。中国是一个历史悠久的农业古国，除了有不发达国家所具有的一般特征外，还由于中国没有经历发达的资本主义阶段，传统农业的特征更加突出，更加超稳定地存在着。中国传统农业历来注重精耕细作，大量施用有机肥，兴修农田水利发展灌溉，实行轮作、复种，种植豆科作物和绿肥，农牧结合。在发展现代农业的同时，中国仍需保持和发扬传统农业的特点和优势，逐步走现代农业和生态农业的道路，建设优质、高产、低耗的农业生态系统，提高农业生产水平。

中国传统农业延续的时间十分长久，大约在战国、秦汉之际已逐渐形成一套以精耕细作为特点的传统农业技术。在其发展过程中，生产工具和生产技术尽管有很大的改进和提高，但就其主要特征而言，没有根本性的变化。中国传统农业技术的精华对世界农业的发展有过积极的影响，重视、继承和发扬传统农业技术，使之与现代农业技术合理地结合，对加速发展农业生产、建设现代农业具有十分重要的意义。

在东方国家中，无论是社会主义国家，还是民族主义国家，都在实行或曾实行过庄园制、均田制、集体农庄制、集体共耕制和人民公社制、国营农场制。尤其是社会主义国家，把国营农场作为农业现代化的最高目标，集体农庄、人民公社集体共耕次之，均田入户是要消灭的对象。民族主义国家也把国营农场作为最高的目标利益，集体共耕次之，个人私耕均在限制之列，允许存在不得已的权宜之计。其实，放眼世界横向对比不难发现存在这两种意识形态的东方国家的农业组织形式，都跟不上现代农业生产组织和现代农业发展的潮流。在开放的环境下可以看到，西方人经营的现代家庭农场实现了规模化、商品化、机械电子化、技术化，农产品供应国内，用之不尽，还有大量的农产品出口；而东方的这些国家虽然有80%左右的劳动力人口用在农业上，无论是采取均田制、集体农庄制，还是采取集体共耕制、国营农场制等生产组织形式和经营体制，都不能实现农民自给，农民生活居世界后列，农产品严重地依赖进口充填。这说明，东方国家的均田制、集体农庄制、集体共耕制和国营农场制等都是不适合农业生产力发展的经营制度。

小农经济，被称为东方式的生产方式，又被马克思描述为像一袋马铃薯式的小生产者，一直被认为是我国历史特别长的封建社会的经济基础。毫无疑问，在当今世界中，中国是一个非常典型的小农制国家，13亿人口中仍有9.43亿农民人口（据户口管理统计），还有2.6亿多个农户分散在广大农村地区，占全国总户数的76%。毛泽东早在1943年就曾指出："在农民群众方面，中国几千年来都是个体经济，一家一户就是一个生产单位。这种分散的个体生产，就是封建统治的经济基础，而使农民自己陷入永远的穷苦。"① 然而，毛泽东领导中国革命取得胜利后，十分注重改造小农经济，他推行国营农场制度、合作化和人民公社、三级所有集体共耕制度、以生产队为基本核算单位的集体经济组织，就是为了改造小农经济。然而合作化过程中取消了农民的土地所有权和股权，加上分配上实行平均主义，致使这一改造未能达到预期目标。实行以联产承包制和生产责任制分田到户，恢复以户为单位的小农户经营，实际上是对1952年完成的土地改革所实行的土地所有权个人所有制的否定之否定。但这承包制后的农户经营，

① 毛泽东：《毛泽东选集》（第三卷），北京：人民出版社1991年版，第934页。

并不完全等同于1952年土地改革完成后的土地个人所有制和所有权。当今的农户承包制仅仅是将部分使用权或部分经营权下放给农户而已，并不涉及土地所有权性质回归农户和个人的问题。

2.2　中国传统农业的组织与表现形式

2.2.1　均田制与小农户经济

均田制就是由政府把全国土地集中起来，然后按照人口与劳动力的一定指标，把土地分入千家万户，由农户耕植，按耕种田直接交地租给国家政府。在中国，均田制产生于封建社会中期，它是农民群众千百年来梦寐以求，并不惜前仆后继流血奋斗，经过无数次起义暴动换来的一种土地制度，是对井田制、力役地租制、地主租让制的一种否定。均田制最初产生于北魏，封建统治者为争取农民支持更朝换代的新政权，总要安抚一番国民，把过度集中于土豪地主、官僚的土地控制和没收一部分重新分配给全国农民，以平息农民对旧政权的愤怒并使其对新政权感恩戴德。然而，时间一长，由于封建官僚的增加和对土地的占有需求，封建统治者又以各种手段把农民的“均田”兼并过去集中起来，农民又沦为无田户，被迫重新向地主租耕土地。在高昂地租下，农民往往因交不足地租而终身欠债，沦为奴隶重新受役，重新失去人身自由。在饥饿和压迫中农民进行无数次的暴动之后，理智的君主发慈心或因安抚的需要，再一次实行均田制分地入户，然后土地又一次被集中兼并，农民沦为无地农民和地主的租种者。封建社会的均田制就是农民在一次又一次的暴动起义的反抗中“获得—失去—又获得—又失去”的循环。封建国家的土地国有制和官僚地主占有制，如一个巨大的历史旋涡，尽管封建君主有意让均田制点缀一下，让均田制在险恶的封建土地制度的旋涡上浮现一下，但最终又要被急速而险恶的旋涡冲卷消失。

中国民主革命的先驱孙中山先生，推翻封建王朝之后，在他的建国方略中就提出中国新土地制度的主张——“平均地权，耕者有其田”，可谓表示了中国农民最高和最伟大的理想目标与愿望。21世纪的今天，无论是实行社会主义制度的大陆，还是实行资本主义制度的中国台湾地区，都曾先后实现了均田制和耕者有其田的土地制度。台湾地区在20世纪50年代土地改革初期，就实行均田制式的耕者有其田制度；大陆在1950年土地改革开始实行耕者有其田的均田制，随即实行人民公社管理体制长达30年之久，之后又回归到耕者有其田的均田制上。然而，20世纪台湾地区的均田制和1980年以来大陆的均田制，都遇到一个共性问题，就是均田制不能摆脱自给自足的传统农业桎梏，不能走向商品化、规模化、机械化、现代化。于是台湾地区在20世纪50年代均田制的基础上随即着手进行二次土地改革，这就是著名的“三七五减租，公地放领，耕者有其田”三部曲，规定农民耕田者必须达到一定规模，政府保障提供公地放领，如不种者政府将组织培训、辅导转业、进城就业。这样把大量不愿种田的农民农户转移离开土地，在此基础上又进行土地重划，按机械化科学管理灌水、排水、运输的需要，把分割零碎的土地划成一片片井井有条的丘田，便于机耕、放排水、运输。这使台湾地区农业走出了小农制自给自足的桎梏，实现适度规模的家庭农场制度。台湾地区农业除了供应全岛外，还有大量剩余产品可供出口创汇。

大陆在20世纪80年代真正实现了均田制入户，是对人民公社集体共耕制度否定之后的一种再选择。这是一种体制性的转轨，主要靠农民的生产积极性释放而实现生产增长。然而，这种积极性的能量对生产增长的作用毕竟有限，而均田制的小农经济的弱点和弊病又开始暴露出来，加上工业发展又强加对农业的依赖和需求，政府又重新对农产品的价格进行控制，使农产品与工业产品的价格不能同步提高，原来缩小的工农产品价格“剪刀差”又扩大了。农民农用资料价格提高得到的好处得而复失，又陷入了改革前的贫困之中。20世纪90年代中期，城市人均收入已达3 000元，而农村人均收入尚不足800元，城乡人均收入比例接近4∶1，城乡差别又进一步拉大，要求缩小城乡收入差距和城乡差别的呼声不绝于耳。2006年国家开始取消延续两千多年的农业税，尔后又对种粮农户实行了补贴。那么，城乡差别是否缩小了呢？2006年城镇居民人均收入6 192元，农民人均收入1 850元；城乡收入比率为3.3∶1，也就是说3个农民的收入才相当于1个城镇居民的收入。应该说有所缩小，但总体的差距还是较大。这又引起人们对小农经济均田制改革的思考。一些人提出实行农村股份合作制，旨在以均田制的土地规模为基础入股，合作经营，进行土地统一经营。然而，作为一种新方式，不是不可以尝试，但其作用和意义是极其有限的。这是因为在不解决人地矛盾的前提下，包田到户是人均1.5亩、户均6.8亩，合股起来也是人均1.5亩、户均6.8亩，只是经营形式的改变罢了，仍然不能改变经营形式对增长没有作用的现实。2013年，城乡收入差距连续4年下降，由2009年的3.33∶1下降到3.03∶1，与2006年相比，8年下降不足0.3个百分点，城乡人均收入差距依然较大。在农村的人均收入结构中，52%是来自非农业的外出打工收入；农业收入只占48%，还包括政策补贴收入。农业收入并非纯利润。农业收入统计的水分比较大，农村人均收入实际还要更低。

从人民公社的共耕制到承包制再到均田制，农业取得了丰收。然而，在一定的科学技术水平下，农业因经营体制变动带来的效益毕竟是有限度的，承包制、均田制对农业的增产作用已经变小了。要使农业增长，其矛盾不是体制上的矛盾，而是人与地的比例关系的矛盾。只有解决这个矛盾，才能像我国台湾地区那样，实现农业机械化、规模化、商品化和现代化，才能创造农业新一轮增长的优势。要实现农业现代化，不能再走集体化、合作化、公社化的老路，只有走发达国家和我国台湾地区业已成功的家庭农场化的道路，此外别无选择，舍此而另行一套，必定又将陷入一次新的历史折腾，导致我国传统农业要走更漫长而艰难的曲折之路。

2.2.2 集体化与集体共耕制

集体共耕制是1953年开始通过推行合作化运动，在“大跃进”和人民公社运动的基础上，形成的政社合一的农业经济组织体系。集体共耕制的经济组织的运行方式主要是通过人民公社的三级所有，以生产队为基础的组织形式进行。

生产队集体经济组织的运行方式就是生产队产权运作的表现形式、生产队集体经济组织的运行方式，是外力推动的被动运作、信息的单一纵向垂直导入、报酬形式的平均主义和软约束。

生产队集体经济组织的外力推动的被动运作。生产队是人民公社三级所有中最基层的集体经济组织，与公社集体相比，生产队具有对土地的直接使用权，全国的集体农地主要是由全国几百万个生产队使用权组成的。然而，生产队不是独立法人，而是依附于大队和公社集体经济组织，一切听从大队和公社的指令运作，没有任何自主权，如种什么、种多少、什么时候种、怎么种、如何分配等。生产队须全部听从公社和大队等上级组织的指令行事，不管是否符合当地的情况，都得无条件地服从和执行，不能有异议和违拗。

信息的单一纵向垂直导入。生产队组织生产活动的信息渠道来自上级集体组织，即来自大队和公社，呈自上而下的垂直单一传达状态。生产队不能直接从市场获得信息，而由上级和上层产权组织所取代，信息是垂直传达下来的，全国都一样。从南到北所有的生产队生产同一种农产品，不管自然条件、消费习惯有多大差别，生产品种指令都是既定的、不容置疑和更改的，这种单一纵向垂直的信息都是通过公社、大队传达的；然后，社队干部分别组织工作队、组，检查团组下到生产队检查督促，公社工作队长驻大队甚至下到生产队与农户同吃、同住、同劳动，来督促生产队对上级指令的彻底执行；工作队及时把执行过程中的动态定期向大队或公社政府机关汇报，由行政单位垂直单一向信息原本众多的农村和生产队实施。

实行记时、评工记分的平均分配。生产队的生产成果分配的依据是社员一年到头挣得的工分总额，在20世纪60年代是以按时记分为主，辅以按件记分。70年代以后则是在全国普遍推行大寨评工记分，除了迟到早退扣分外，还要看政治表现。懒于学习、有牢骚怪话而被视为政治表现差也要扣分。按件记分就是不参加这些活动的要扣分，按完成活动的定额来计算工分，如插田为了赶上季节便实行按件记酬。按件记酬在那些年月被指责为资本主义，受到严格限制，不得已时辅以实施，但大寨评工记分是每天记出勤劳动天数，到月底进行总评，把工分分成若干个等级。以上三种形式，除按件记分外，按时记分和评工记分都对社员没有任何激励性，按时记分只要不迟到、不早退，上工后干与不干、干多干少是一样的；至于评工记分，干得多的不如搞好人际关系的，这使一些社员为获得高分而把精力放在搞好人际关系上。

集体共耕制是一种土地由国家控制，集体所有，劳动者集中劳动，统一管理、核对和分配的经营体制。这种体制在东方社会主义国家和民族主义国家都相当普遍，在非洲的大多数国家也盛行。然而，这些国家都无一例外地遇到集体共耕制产生的弊病和困惑，就是农地的集体产权制度，管理、监督成本很高，既无激励机制又无约束机制，资源的配置既不优化又无任何效率可言，人们普遍懒惰和贫困，国家的农产品更加短缺，所能提供的剩余产品比均田制更少。国家政府运用更加强有力的行政手段对农产品进行价格控制和强行压价征购，以求以计划指导为借口，把政府规定种植农产品品种的意图强加给农民，这使农民与政府的种植计划处于抵触和对抗状态，加深了政府与民众的矛盾和城乡矛盾。

其实，集体共耕制并不是社会主义的创造，也不是民族主义国家的创造，在其他社会历史发展阶段早已存在，早在春秋、战国时期就已出现集体共耕制。奴隶主贵族把奴隶集中在一起劳动，还委派个别奴隶作为看管，以防止集体劳动的奴隶偷懒或偷工减料，不按时按质完成劳动任务。然而，奴隶制下的奴隶连人身权都没有，他的劳动只是为了维持生命存在和劳动力再生产，此外，一切都归奴隶主所有。奴隶们显然提不起神，发挥不出积极性。即使是想讨好奴隶主的看管，也往往睁只眼闭只眼。奴隶制的集体劳动生产率是很低的，即使有的奴隶主为了表示对奴隶的关心，到生产工地现场去视察或者参加劳动，也丝毫不能改变奴隶的劳动态度。对奴隶的虐待杀害，只能加强奴隶的反抗，丝毫无助于奴隶对劳动积极性的提高。于是奴隶主就开始把井田制集体劳动改变为劳役地租制，即对奴隶分一份私田，奴隶在奴隶主的“公田”集体劳动之余，才去耕私田。奴隶们在“公田”劳动无精打采，在自己的私田上劳动热情度却很高，这说明集体共耕制的权利与奴隶毫无关系，奴隶的劳动是无偿和被迫的，劳动成果是被占有的。在这种情况下，奴隶虽然没有人身权和自由权，但也绝不会乐于为“主人”卖命。尽管他也在劳作，但内心充满不满和仇恨，这种不满和仇恨积聚到一定程度就会爆发奴隶起义暴动和反抗，斗争就会风起云涌。

在封建社会，共耕制基本消失了，取而代之的是土地国有制、地主官僚的占有制和租让制，以及均田制。封建土地制度无论是哪一种形式，都没有比共耕制好多少，某种意义上比共耕制更残酷。封建土地制度，一是土地国有制，如“普天之下，莫非王土；率土之滨，莫非王臣”说的就是土地的封建国家所有制，皇帝享有对全国土地的最高调整权，可随时抽割分配给家族的封建藩王占有或各级官僚所有。

一代官僚退休后，又一代官僚上来，又需配给土地，土地从哪儿来？还不是通过从没有权势的地主及佃租户农民手上剥夺而来。在封建社会做官是获得土地、成为新地主的主要途径。老官僚的后代继承下去，又成为世袭的地主。这样，随着封建社会的延续，官僚和地主不断被复制出来，占有土地权。由于封建专制以小农经济为基础，它的生存与发展及政权稳定依靠农业。二是户口制，把农民困定在一个点，不得流动，以保证有人租地耕地，保证有征集的兵员来保护封建政权。皇族、官僚和地主占有土地，而又不可能靠自己劳动来使用土地，还是得租让给农民耕种。地主官僚不劳动，又想通过租让最大限度地占有劳动成果，于是实行超经济的手段，把地租定得高得惊人。同时，封建统治集团为了防止农民不租种土地而进城务工经商、扰乱封建社会的"社会秩序"和统治秩序，于是实行严格的户口制，把农民统统束缚和固定在土地上。农民要生存，即使明知地租高得惊人，也不惜冒重新丧失自由沦为奴隶的风险租种地主的土地。结果，许多农民因交不足、交不起地租而重新沦为奴隶，丧失了人身权和自由权，这就是封建统治阶级和地主贵族给农民设置的政治陷阱和生活圈套。即使农民在经过奋力反抗、起义、暴动，迫使封建统治者实行均田制，最终也逃不脱这个陷阱和圈套。统治者、官僚和地主总有办法把农民靠均田制取得的小块土地兼并过去，让农民失去土地，重新沦为租种者和欠债人而失去自由权和人身权，重新置于封建统治者、官吏、地主的政治经济控制和人身依附上来。所以，封建社会的土地国家所有制和地主官僚的占有制，其残酷性并不亚于奴隶主社会的集体共耕制。

在社会主义国家实行的集体农庄、合作社、高级社、人民公社制等形式，虽然叫法不一，但其实质都是一样的，即集体占有土地，按劳分配。这当然与奴隶社会的集体共耕制有本质区别，但劳动体制和形式是相似的。奴隶制的集体劳动是为奴隶主劳动，而社会主义或民族主义集体共耕制是为本集体内部的全体成员劳动，但是集体劳动者对土地仅有部分使用权，所有权仍然是国家的，这点与奴隶制国家的土地为国家所有是一样的；奴隶没有占有权，只有使用权，这点又与社会主义和民族主义的集体共耕制有区别。社会主义、民族主义的集体农业由于土地国家所有制，国家政权对农业进行计划指导和宏观控制，什么时候生产、生产什么、生产多少、怎么生产都是由政府预先计划安排的。因此，社会主义、民族主义的集体共耕制容易沾染上奴隶社会的集体共耕制的色彩，极不利于劳动者的积极性、创造性的发挥。社会主义制度条件下的集体共耕制不能解决调动劳动者积极性的动力问题，苏联集体农庄、中国的人民公社制的失败都有力地说明了这一点。因此，集体共耕制并不适应社会主义现代农业发展的需要。

审视集体共耕存在的历史进程，它最大的弊病就是产权主体缺位和产权权能残缺。奴隶制的集体共耕，毫无产权可言，因为连奴隶人身都是属于奴隶主国家和奴隶主私人的财产。在社会主义制度条件下，虽说集体共耕中的劳动者是主人，但土地所有权和控制权仍然属于国家，听从国家从耕地播种到收获和分配的一切指令。集体农民既无所有权，又无支配权、收益权和处置权，只有部分占有权和部分使用权这两种不重要的权能，集体共耕的农民怎么会有兴趣和积极性呢？国家政府强行推行人民公社集体共耕制的结果，是农民消极对待，出工不出力，农活推不动，季节赶不上，生产上不去，集体穷，农民和国家也穷。这种集体共耕制理所当然就要被历史淘汰。因此，人民公社集体共耕制被责任制、承包制所取代，是历史的必然。尽管当时人们忧心忡忡，阻力很大，而且均田制并非最理想的选择，但它比起人民公社集体共耕制，确实有权、责、利落实到个人和家庭的优越性、激励性和束缚性。均田制是一种优于集体共耕制而落后于家庭农场制的过渡式的农业经营体制形式。

2.2.3 国有化与国营农场制

国营农场制是苏联、东欧国家和中国都一度实行的农业组织制度之一。在计划经济体制下，国营农场曾为保证某些农产品供给和以农业产品为原料的工业稳定地提供货源，发挥了保障作用。但由于国营农场是在国家指令和指导性计划下进行生产的，这种制度在改革开放和进入市场经济生活之后，就不适应市场经济发展的需要了。东欧剧变和苏联解体后，开始了痛苦和漫长的市场化进程，国营农场已经解体。中国进行全面深化改革后，国有农场也引进承包制改革；国营农业组织制度也开始退出历史舞台，但并没有完全消失，而是作为多元经济成分之一，仍然将长期存在下去，只不过不再具有原来的主导和垄断地位了。

国营农场是中国农业的组成部分，从所有制关系上看，是比原来的以人民公社队为基础三级所有的集体所有制度更高层次的生产关系和所有制形式。人民公社体制解散了，国营农场的体制怎么改革，这是长期困扰而未能解决的问题。在各行各业、各个领域深入进行全方位立体改革的今天，对国营农业体制的改革，既是挑战，又是机遇。必须把握好这一次机遇，推动国营农业的产权制度，建立以现代企业产权制度为特征的农工商联合的综合发展的现代国有农业企业。

我国的国营农业产生于20世纪50年代，几乎是与人民公社体制同时产生的，有所不同的是：人民公社体制是通过“一化三改造”、互助组、高级社逐步建立起来的；而国营农场是解放战争结束后，为了安置部队的转业人员和平衡区域人口而建立的，分别在海南、新疆等边陲地区建立了生产建设兵团。人民子弟兵就地转业务农，成为新中国的第一代国营农场职工，也是唯一一次转化成功的国营农业。1968年2月开始了城市知识青年上山下乡运动，试图搞第二次移民和在边陲地区再建立一批新农场，或者补充给原有的国营农场。“文革”结束后，这批知识青年纷纷通过各种理由和途径返回城市了，最后只好批准这批知识青年全部回城。因此，中国的国营农业是50年代建立起来的国营农业，也开始由国有经营走向承包经营。除国有农场的场部工业外，农场土地也类似农村土地那样，分包到农场职工的家庭户，以户为生产经营的基本单位。

2.2.4 集体的股份合作制

股份合作制是西方发达国家现代农业出现的一种股份农工商联合企业的组织形式和经济体制。股份企业为责任行业，由农业加工、制造和销售一条龙的现代农工商联合组织，不同行业入股合作，从原料生产到最终产品出售均在股份企业完成。经营决策实行董事会领导下的经理负责制。股东既有家庭农场主，又有工业制造商和经销商。

股份合作制农工商联合组织是现代农业的重要生产组织形式之一，但不是唯一的组织。在西方发达国家，大量存在的并不是股份合作制农工商联合组织，而是专业化生产经营的家庭农场。虽然股份合作制农工商联合组织发起已久，然而其存在的数量仍然是有限的。况且这种企业组织是在比较特殊的品种生产上，为了取得和垄断原材料及扩大产品消费市场而采取的一种合作组织。对许多农产品品种生产的家庭农场来说，他们并不需要这样做，而利润率可以相当于或高于社会平均利润率。股份合作制农工商联合组织建立在家庭农场普遍实现的基础上，它的股东之一就是家庭农场主，所以几乎所有这种跨产业的生产经营股份企业都出现在普遍实现家庭农场化的现代化发达国家，如美国、意大利、德国、日本等。

然而，由于西方国家的积极倡导支持，一些发展中国家也开始试验实施农工商股份合作的跨产业联合企业，但成功率都很低，无法全面推广。由于成本高昂，代价惨重，现在这类企业在小农经济大海的孤岛上生存，十分艰难。究其原因，就是发展中国家的股份合作制农工商联合组织建立在小生产的汪洋大海之上。股份合作的股东全部都是小农，作为股东的小农们以自己的一小块土地（在中国一般为户均8亩左右）以及简陋的耕作工具入股，然后在入股的小农中推选一个董事长和经理，行使对股份合作制农业组织的决策和经营权，与过去的合作社、高级社形式上有别，但实质上是一样的。在中国，股份合作制没有包产到户或不便包产到户，因此在仍然坚持集体共耕制的同时，把收益权折成股份来进行分配。这种股份合作制与原来的集体所有制不同的是，前者要如数参加集体劳动才能享受分配；后者则不必，不管参与不参与，照样可分到股份。这种股份合作制主要出现于城市郊区和城乡接合部，他们的土地大多被征收，或非农化建工厂，靠出租厂房获得租金用于分红，村镇办企业的收入也是股份分红的主要来源。这种股份合作制从事的不再是农业生产，而是非农业化的产业，如江苏的华西村、深圳宝安的万丰村等股份合作制从事的产业已经完全脱离了农业生产领域。所以这种股份合作制对于发展真正意义上的现代农业来说并不具有示范意义，其与西方现代国家的农工商股份联合的企业是完全不同的。我国的股份合作农业建立在小生产基础上，而且是单一产业的小农参股的；西方国家股份联合企业建立在家庭农场制度基础上，而且是农工商多产业企业参股的。在发展中国家虽然也试着办过跨产业的农工商股份合作联合企业，但都失败了，其原因是复杂的，其中最重要的原因之一是农工商股份合作联合企业还缺少生存和发展的基本环境和条件。然而，如果要创建和提供这样的环境和条件，对许多发展中国家来说，是最为艰难而充满着阵痛和风险的事。虽然前景可能十分美好，但多数国家不具备这种眼界和胆略，宁愿安于现状。这就是发展中国家实现农工商股份合作联合企业的艰难性所在。

股份合作制农业生产组织的最大局限性是以小农制为基础。入股股东全部是拥有小块土地的小农，大户不过一公顷，小户不到半公顷。股份合作制不过是将分散在小农手中的小块土地集中起来，统一经营管理，以集中经营管理代替家庭经营管理。集中与分散，经营管理的土地总量是一样的，人地矛盾并未解决，并不会因为集中起来而人均土地面积就扩大了，也不会因为分散到家庭承包而人均土地就缩小了。既然集中起来并未能解决人地矛盾，也未能增加土地，为何要实现股份合作制？在一定的农业技术和既定自然条件下，农业增长是相对稳定的，换言之就是刚性增长。股份联合没有带来农业增长，这种统一规划土地、使用机械和专业化的生产可降低生产成本而提高收益，如果管理搞不好，其收益也可能低于家庭承包制经营。由于股份合作并不是农民自愿、自觉联合起来的按照现代法人制度建立的股份企业，而是全靠政府诱导和推动的股份合作“运动”，故其天然就缺乏农民自愿的基础。农民迫于政府行政压力勉强入股，本身就存在一种抵触情绪，这种情绪也成为日后股份合作企业解体的隐患根源。由于是政府引导下的股份合作运动，由政府的一手包办代替组织起来的股份合作企业，为了加强领导或以宏观控制、指导等为借口，必然会对股份合作的生产经营管理全过程进行干预。如生产种植计划、产品价格及农产品征购等，政府往往是在放与收之间轮番折腾企业，企业依然像过去的人民公社制的生产队那样没有自主权和产权。而失去活力的股份合作企业的最终结果，还是回到退股到户大包干的家庭承包责任上去，这样才能把股份合作企业被压抑的积极性重新释放出来。因此，建立在小农制基础上的股份合作农业不能解决人地矛盾和经营体制矛盾，尽管政府大力推广，但其成功率和生命力是极其有限的。

2.2.5 包产到户——均田制的回归

1978 年，解放思想，实事求是，拨乱反正。那时全国各地农村的农民开始对人民公社的集体共耕制进行反思，并悄悄地自发开展分田和包产到户，以农户为生产单位。如广东农村最早出现农村承包后，农业出现劳动力过剩，而向农业的多种经营进军，出现养殖专业户。全国各地从沿海到内地都拉开了序幕。安徽小岗村农民自发搞包产到户，仅是全国许许多多自发承包到户的其中一例而已。全国各地落实农业生产承包制，1984年后全国95%以上的农村实行了包产到户。包产到户克服了平均主义大锅饭的弊端，把亿万农民农业生产的积极性调动起来了，在手工农业的状况下，劳动生产效率提高了。劳动力的解放导致农村剩余劳动力的出现，而农村剩余劳动力可以转入农业生产的其他领域，如多种经营，还可以从事非农业产业，最为典型的是可以进城务工经商，这为农村剩余劳动力的利用提供了广阔的市场，实现了承包制释放出来的正能量，呈现出一定的现实意义和深远的历史意义。

然而，包产到户所表现出来的经营一家一户、小块农地生产，以自给为主，剩下能够出售的非常有限，在经济组织形式和运行机制上，又回归到均田制的模式。小农户数量日益增加，而户均面积不断减少。正如马克思所说的“一袋马铃薯”式的小农户，有趣的是中国小农经济的这袋“马铃薯”不是个头越来越大、数量越来越少，而是个头越来越小、数量越来越多。据权威数据统计，1984年全面实行包产到户时，全国只有1.7亿农户，户均耕地约9亩；到2010年，农户增至2.3亿户，户均耕地下降到6.5亩。如果人口城镇化不能有效地吸引和转移农村人口，小农户总量还会持续增加，户均耕地面积还会进一步减少，这与现代化农业要求、农业经营规模不断扩大和农业人口不断减少的要求背道而驰。传统体制下的传统农业生产组织制度的超稳定性，由此可见一斑。

传统农业的制度惯性造成人地矛盾长期尖锐突出，得不到有效解决。

以小农经济为标志的传统农业组织体系，归根到底是由农业土地产权制度决定的。有什么样的农业土地产权制度，就有什么样的农业经济组织。纵观我国各个不同时期、不同形式的传统农业经济组织，是长期的土地“公有”和“共有”（包括国有、集体所有）的产权制度选择的结果。

2.3 传统农业的制度惯性与人地矛盾

农业生产发展和农业生产力水平的提高与稳定，以及综合利用农业生产发展和农业生产力水平的提高都离不开农业科学技术，因此发展农业必须充分运用现代科学技术以保证农业生产的高产和稳定。世界农业和我国农业的生产发展历史都表明，农业生产力的发展离不开农业科学技术的运用。我国粮食亩产由20世纪50年代的500多斤增至90年代的900多斤，都是日益提高的农业技术在农业生产领域运用的结果。农业科学技术对农业生产的贡献是功不可没的，今后仍然要重视科学技术在农业上的运用，这是毫无疑义的。但使用科学技术所产生的产量增长总是有限的，工业项目的高科技在工业中使用会使工业弹性增长，而农业会受自然气候、自然灾害等不可抗拒的条件制约。在一定的科学技术水平下，农业增长幅度总是相对稳定的，这就说明一定的农业科学技术对亩产增长总是有极限的。比如，一项先进技术推广亩产增长幅度相对稳定，亩产增幅为200～300斤不变，次年再次使用，同一技术不可能再有新的递增增幅，依然维持在200～300斤的稳定增量；增幅在没有更先进的新技术应用之前，也可能十几年不突破一次，只有运用新技术才能获得一次新的增长。农业有机构成和劳动力成本降低也是现代农业增长的重要因素。生物技术运用在农业增长之后，具有相对稳定性。我国往往重视这类技术对农业增长的作用，而不太重视通过有效的制度创新来促进农业增长。此外，农业在人多地少的情况下实行的是手工操作，劳动生产率低，而户均耕地6亩，一家四口至少自我消费3.5亩的粮食，剩下2.5亩的收入还要用于购买种子和肥料等生产成本。这样农户创造的农业商品率非常低，他们的收入也无法提高。农民因缺乏科技购买力从而排斥对先进技术和生产工具设施的投入。

随着农村人口的增加，人均、户均有田指数将进一步减少，亩产量的自给率将进一步提高。因为农户平均3.5亩收益的自给消费额基本是不变的，而其剩余部分将随着人口的增加越来越少，无法满足日益增加的人口消费需要。如果减少农户的耕地则意味着农民收入不但不能保持原水平，而且生产成本也不断上升，农民的收入递减。这样对国家来说，农业问题不但没解决，反而更难解决了。因此，在人地矛盾没解决的前提下，科学技术的运用并不能改变农业的刚性增长的特性，农业的增长幅度仍然是平缓的。

1949年以来中国农业年均增长率为2.5%，最高的是1978年至

1992 年，达到年均增长率 5.9%。需要说明的是，农村经济增长幅度的提高不靠农业，而靠乡镇企业。工业的年均增长率约为 10%，同样运用现代科学技术，工业年均增长率是农业年均增长率的 4 倍，工业呈现弹性增长的效应。工业就业人员仅占总就业人员的 21%，创造的国内生产值占国内生产总值的 50%；而农业就业人员占总就业人员的 55%，创造的国内生产值仅占国内生产总值的 20%，这表明农业人口过多地积压在农村不但不利于农业增长，反而使农业的边际效益下降，使农民收益减少。所以，在同样使用科学技术的条件下，比起工业，农业仍然呈刚性增长，我们要继续发挥科学技术对农业的促进作用，但不要把解决农业问题的出路仅仅归结于运用好科学技术或发挥科学技术水平，不要以为运用科学技术就能一通百通，科学技术不能解决农地产权管理体制上的问题。要真正解决农业问题，在运用农业科学技术的同时还要在解决人地矛盾上下功夫。只有管理体制问题解决了，农地产权制度明晰了，农民的产权主体地位确立了，才能为农业科学技术的运用、农业经济的发展及农民生活水平的提高创造现实条件。

一些地方撤地设市或撤县设市后，并不努力搞好城市第二、第三产业发展和引导农民入城并解决户口问题。除了换行政区划名称外，农业县的旧面貌丝毫未改。但主政者为了捞取个人政绩，把明明是以农业为主的农村人口统计为城镇人口。如有一个 120 多万人口的农业县，城镇人口不到 10 万，城市化不到 10%，改市后却统计为百万城镇人口的大城市，对类似这种不实的“城市化”水分必须挤掉，不然会给我国的宏观统计和决策造成误导。对所有近二十年撤地改市或撤县改市的地方的城镇人口和农村人口总数及各占比重必须清查核实，以使各地城市化水平有一个客观的真实反映，从而有助于我们下苦功夫推进城市化进程。

3 传统农业的产权缺陷

中国农村集体所有制的产权运行方式存在制度缺陷，从根本来说，就是集体所有制土地缺乏排他性。具体地说，是使有权、收益权、处分权等系列权能利益残缺，致使生产队产权在运行中存在被动性，信息搜索和传递存在垂直性，平均分配存在无效刺激，以及监督成本高、费用大，使监督流于形式。集体经济三级组织之间产权分割不清，造成有权无责、有责无权等，使集体生产组织运行效率不高，最终导致生产队集体体制的解体和家庭承包制——均田制的回归。

农村集体产权是指生产队产权经济组织，是我国在20世纪60年代推行的一种集体共耕形式，从产生到解体历时20年，它的实施反映了实现中国两千多年的小农经济、作为小生产者的农民朴素的平等和平均主义理想追求。生产队产权经济组织是一种自给自足的自我封闭的经济组织，因此不可避免地解体了，由家庭承包制取而代之。集体共耕制产权安排的实践结果，带给中国社会的影响是深远的。这种产权组织解体十多年来，人们对其评价不一，多数人否定它，但也有人怀念它。因而认真总结这种产权组织失败的原因，从而防止和避免重蹈历史覆辙，坚定不移地走现代农业发展的道路，其意义是十分重大的。

3.1 集体产权制度的缺陷

生产队集体经济组织的运行方式是通过政策的形式决定的。从1962年中共八届十中全会上通过的《农村人民公社工作条例（修正草案）》，我们可以看到生产队集体经济组织的产权（包括使用权、收益权和处分权）存在严重缺陷。这些权能很大程度上受到了政府的控制。

第一，使用权残缺。使用权与所有权不对称。生产队既是所有者，同时又是使用者，因而所有权与使用权合一。本来所有者可以把使用权出租转让给别人，但生产队并没有把使用权出租转让，所以所有者转让使用权本来也是可以的。然而，在计划经济体制下，生产队虽有所有权，但使用权被大队集体和政社合一的公社所控制。社队控制了生产队的使用权，包括两方面：一是生产计划的决策权，生产队无权决定种植计划，政府计划通过社队集体层层派下来，如政府规定生产队以发展粮食生产为主，同时兼顾辅以发展棉花、油菜等其他经济作物。如果政府指令不能实现，政府通过社队干部检查，一旦发现有违背的现象即进行纠正，公社书记带社队干部和民兵拔了旱地黄豆、青苗就是典型的事例。什么时候春耕、什么时候完成夏收、夏种任务是什么等都由政府规定，要是因为进度慢了，不能在规定时间内完成则要受到政府的通报批评和压力。二是监督权，政府和社队集体组织为了保证政府指令的彻底实施，总要派工作组进驻社队深入检查生产队对政府计划指令的执行和落实情况。使用权的残缺，带来了其他权能的残缺。

第二，收益权残缺。生产队的生产成果如何分配并不是由生产队队长或社员会议决定的，而是由上级集体组织和政府决定的。上级集体组织成为政府考核生产队贯彻政府分配政策的代理人，如政府在政策上规定生产队在收益分配之前必须完成征购粮任务（包括农业税和政府低价收购部分）。20 世纪 60 年代末、70 年代初超过口粮标准的部分实行国家收购一部分、储备一部分，剩余的才分配给个人，形成了特殊的剩余索取权配置结构。每年收获时节，政府要逐级召开秋收分配会议，对生产队的生产成果进行“清核对产”，反对“隐瞒”产量，号召生产队增产增贡献，并且通过公社大队干部派出工作队、工作组帮助生产队落实秋收分配政策、方案，完成公购粮入库任务。在查核定增产的基础上增加生产队的征购指标，如果生产队超交征购指标，超过越多越好，政府将颁发奖状，以示鼓励。生产队有完成国家征派购粮任务的义务，同时需要从可分配收入中提取 3% ~5% 的公积金和 2% ~3% 的公益金。在政府规定的分配结构中，相当一部分的生产成果通过征购、多做贡献的形式被夺走。如果按价值规律办事，生产队被强征购或被动员征购的这一部分低价农产品，一般是低于市场价甚至低于成本价的，这意味着生产队种田的部分或全部利润被通过征购形式无偿转移到政府财政之中。由于生产队的收益权如此残缺，农民每年除了保持基本口粮、几个工分钱及自留地的收入外，再没有什么别的收入。至于集体储备，一方面因其积累水平太低，另一方面这两部分的享益基本是徘徊不前、变化甚微的，故也没有什么可言的。由于没有收益分配的终决权，生产队干部和社员对生产队的土地产权资源增值、保值毫无积极性，许多地方生产队的积极性低落到了极点。

第三，处分权残缺。在一般情况下，所有者对自己的产权有处分的权利，即有使用权没有所有权，使用者在使用权的有效期内，可以对使用权行使处分权，包括出租、转让、买卖或抵押等。生产队虽然拥有所有权，但没有使用权和处分权。生产队的产权资源的处分权控制在大队集体组织和政社合一的公社手中。政府规定生产队对其所有的土地不能买卖和转让，这使生产队的农地产权处于非流动状态。其他农业机械等一旦买下来，不管能否使用均不得转让。这样一来，使用权在生产队长期处于静止的固定状态，自己经营不好又不能出租或转让，不能让更有能力的生产队或个人来生产经营，造成产权资源的无效配置和浪费。

以上产权权能被政府控制，生产队的产权大大弱化。生产队产权结构中，剩下土地所有权这一空壳。既然使用权、收益权、处分权归谁所有已没有任何实质意义，在政府面前，生产队拥有的土地所有权也不能为生产队社员带来任何实质性的收益和福利，成了事实上的有所有权而无使用权。因此，授予所有权，不授予使用权、收益权和处分权是生产队产权制度最根本和最致命的缺陷。由于这些无法克服的固有缺陷，生产队连同人民公社体制一起解体了，生产队作为一个经济组织如同公社组织一样成为历史名词。

集体共耕制经济组织失效有深刻的制度原因。人民公社三级所有，以生产队为基本核算单位。相对公社和大队而言，生产队是一级贴近农民的经营实体，但其效率仍然十分低下，公社和大队就更不用说了。改革开放后，人民公社三级所有的土地制度，变成乡镇、村及村民小组三级所有的土地制度。除了名称改换了以外，所有制的性质没有丝毫的变化。从后来的强征强拆的结果来看，乡镇、村的所有权得到进一步强化，而村民小组的所有权被大大削弱至近乎被完全剥夺。原有的以生产队为基本核算单位的所有权地位，事实上已被抽空，以至名存实亡。而乡镇和村的两级所有权在改革开放前较“虚”的现在变“实”起来，就是说乡镇和村两级的所有权被强化，以至后来所有的圈地、征地、强拆等，各级地方政府、开发商都是直接通过村和乡镇两级来推动的。村民小组和农户根本无权参与决策。村民小组无权维护自己的所有权，农户也无权捍卫自己的使用权。

生产队集体组织产权残缺也有深刻的制度原因。在实际经济生活中，有人把生产队的产权残缺归咎于生产队的规模过大，其实这是片面的。在发达国家中，家庭农场规模有几千上万亩，相当于我国农村几个大队的面积，甚至相当于一个公社的总面积，为什么不存在产权残缺问题？这是制度问题。这个制度不是产权中的所有制问题，而是整个产权制度的问题。如果孤立地从所有制看集体所有制，是生产队所有，由生产队经营。这不存在生产队没有所有权的问题，而是整个产权制度在生产队中被扭曲了。生产队这一产权经济组织中的产权结构支离破碎，变得残缺不全。

其一，所有权与使用权不对称。有所有权而无使用权，《农村人民公社工作条例（修正草案）》规定土地为生产队集体所有，同时又规定生产队所有的土地一律不准出租和买卖，所有者都无权处置自己的土地，这与所有权身份是不对称的。所有者无权处理自己所有的产权，这实在是背离法律的。生产队一般发展粮食、棉花、油料和其他经济作物的生产，这一规定极大地削弱了生产队对资源的使用权、收益分配权。收入按总人口分配之前必须完成征购粮任务（包括农业税和政府低价收购部分）。超过口粮标准的部分实行超购一部分，集体储备一部分，剩余的才分配给个人，政府根据情况确定和调整三者的比例，总原则是国家大头、集体中头、个人小头。这实际上削弱了生产队拥有的收益权，收益权很大程度上掌握在政府手中，形成了特殊的剩余索取权配置结构。每个具有劳动能力的人都必须参加农业生产劳动。劳动方式与内容由生产队统一安排，生产队社员没有自由迁移和选择职业的权利，这是对人力资源所有权和使用权的剥夺。在对生产队产权的严重弱化下，在这样的产权结构基础上形成的生产组织是不可能有激励作用和效率的。“在严重弱化的产权下，其权能的实施无疑要支付极高的交易费用，因为无处不在的各级之间的讨价还价、偷懒、代理成本将使组织的运行效率达到最低的限度”，这是政府侵犯生产队产权本应拥有的排他性产权的结果。

其二，监督困难和监督成本高。生产队的集体经济组织外部和内部都有监督系统，监督生产队的生产和分配活动的全过程。外部有公社和大队分别组织或单独派人员定期进入或进驻生产队进行监督、指导、指示，及时纠正违背上级集体和国家基层政府公社指令的行为。如未能完成征购粮任务就先分配或增产不实报、逃避国家的征购粮任务等将被外部监督的人及时纠正。内部有生产队的队委会干部，包括队长、副队长、指导员、会计、出纳、记分员及贫协组长、妇女主任、民兵排长等人，他们都负有对生产队的生产活动进行监督的责任，并将群众的议论收集起来，然后在队委会上进行汇报，以便对每个人的劳动表现和劳动态度做到心中有数，评工记分时就有据可依。从表面上看，这种监督系统不能说不严密，但是监督机制不能真正发挥作用，而且监督费用成本很高，使用权在这种内外临时性系统中陷于形式主义，而实质上毫无效力。如社队干部定期深入生产阶段的外部进行监督，在工作队进驻期间，生产队干部都会做出积极遵守上级政策的样子；一旦离去，生产队依然如故。社队干部不可能长期进驻，一是工作队队员本身不情愿，二是补助费用开支大。社队干部有时到生产队巡视一下，有趣的是如遇社员或干部请喝酒，他们将乐此不疲，除某些项目（如交公粮和购粮）外，他们将巡视任务抛于脑后，所以内外的监督系统都不可能对生产队产生真正的监督作用。由于严格的监督要花费太多的费用，监督流于形式，其效力当然是甚微的。当然交售公购粮是国家政府最关心、最有效的分配过程的监督，但它不是对生产过程的监督。

其三，代理人的双重角色与两难选择。代理人就是生产队委会的干部，主要指生产队队长，生产队队长是由生产队社员选出来的，一般是一年一选，有的地方两年或三年一选。生产队队长只是生产队土地所有制代表，又是上级集体和国家政府支配生产队土地使用权及对收益分配权进行监督的代表，具有双重角色，“生产队队长既是社区财产的代理人，又是社区资产管理的代表；同时他又是对生产队的生产的监督者和管理者，也是执行政府合约的代理人”。作为生产队所有权的代表人，一方面他要代表社员的利益，为生产队集体组织增加社员收入；另一方面，他作为国家政府利益的代理人，要向上级集体和国家政府负责。生产队队长在两种角色中左右为难，上下都不能得罪，须十分小心谨慎地从事他的双重角色工作：既要讨好社员，又要讨好上级集体和政府，使之两边沾光。在利益和感情上，生产队队长是集体的一员，也是集体所有者之一，他要维护集体经济组织的权益；但在政治和理智上，生产队队长又要服从集体和政府的指令。生产队队长虽然对政府、对生产队的合约控制、合约享益、剩余控制与剩余享益不满意，但他不能违抗，这样又使他对社员的集体产权经济的保护感到无能为力。生产队作为所有制组织与政府的合约和剩余关系中所接受的合约，不仅具有强制性，而且具有不可调整性，这使得剩余的控制权和享益权已在相当程度上失去生产的激励作用，因为这些剩余的权益不但无法使社区所有成员的福利增加，而且对维持生存都十分困难。在这种情况下，谁来当生产队队长都难以解决问题和扭转局面。唯有两头都讨好兼顾的中庸式代理人才能勉强维持下去：如果只顾政府，不顾生产队社员的利益，社员强烈不满，队长也当不下去；如果只是维护生产队的利益，不执行政府的指令，不完成政府合约控制、剩余控制与享益要求，队长同样要被上级集体组织撤掉。

3.2 国营农场的产权缺陷

1958 年，我国开始实行国营农场制度。国营农场作为国有企业，在管理上运用国有工商企业那样的管理方式，但由于产业不同，又有与工商企业不同的特色和产权制度，故在产权制度上表现出特殊性。国营农场的产权特征主要是土地和其他生产资料均为国家所有，农场职工是全民所有制职工，享有与工商企业所有制职工一样的待遇。除国家直接征用外，农场本身不能自行处置土地和生产资料。

管理机制上，政府向国营农场直接派遣农场领导和管理人员。国营农场的场长、农技师、工程师等各类专业管理人员都由国家直接分配和派遣。农场场员无权选举场长，场长也无权辞退场员。场员工作辛苦、待遇低，人员留不住，但想进来的人又进不来。一开始，生产由政府直接下达计划；后来指令性计划转变为指导性计划，流通价格由政府确定，甚至半送半卖给城市工商企业和企业单位。生产资料随行就市，而农产品却不能随行就市，农场产品成半贡品，成本高，利润低，甚至亏损严重，导致农场发不起工资。

分配机制上，国营农场一般都实行按劳分配，但如何实现按劳分配，形式各有不同：一是工资制，二是工分制，工分制又分按件计酬、按时计酬两种。有的实行工资制，像国营工厂一样按时间上下班；有的实行按件计酬，像过去生产队一样，按工分配则似农村分配形式，这种形式后来因农场把土地承包到户而取消。这些分配机制都不能调动农场职工的积极性。

由上述的国营农场的产权运作机制来看，存在如下缺陷和弊端：

第一，产权主体缺位。国营农场，顾名思义，就是农场为国家所有，国家派出官员直接经营。农场的产权归政府，而不归农场职工。国营农场的土地、农机等生产资料是国家的，而不是农场职工的。国家可以即时划出、划入国营农场的土地和生产资料。经营权上按国家的农垦计划进行，由国家低价派购。如前些年有的国营农场被指定生产菠萝，结果菠萝丰收，罐头厂因菠萝罐头缺乏销路，销售加工消化能力有限，菠萝卖到几分钱一斤仍然没有人要，白白沤烂。经营权缺位由此可见一斑。

第二，农场产权制度缺乏政策机制。农场产权是国家的，农场领导者又是政府直接任命和委托的。领导人只对上负责，而不对下负责，他不需要对农场职工负任何经济责任，搞不好也是国家负责任。国营农场的产权资源、土地、果树、农具等公有财产对职工没有约束力，谁都想占一把便宜。这样农场的农产品，明的明要，暗的暗偷，国营农场的产权资源很容易流失。但大家都如此，谁也不说谁，人人都司空见惯，因为这对农场领导职务升迁没有影响。

第三，农场产权制度缺乏激励机制。由于国营农场的产权缺位，从所有权到经营收益分配和处分权，都集中在有关管理部门，农场领导者不过是上级主管部门的代理人，只有传达管理权，没有产权权能，对农场领导者缺乏激励机制。对农场职工来说，自己虽然是农场“主人”，但并没有与主人地位相应的产权，他们的一切经营活动都是他定的、被动的，职工不能对生产经营活动表达“主人”般的意见。这种产权反而成为支配他人活动和命运的力量，因此职工心里充满压抑和屈从。农场产权基本上对他们没有任何激励作用，只有消极的作用。

农场职工因为固定工资制，按时出工收工，没有定量标准。大家到工地度过规定时间就回家，至于在农场干农活是否有效率，农场职工并不关心，因为他们在规定时间内多做也是这么多工资，甚至有时还会被人讥笑为傻子，或想做劳动模范。可见，农场的劳动是缺乏激励机制的。

3.3 家庭承包制的产权缺陷

1978 年改革开放后，我国对人民公社的集体所有制进行了改革，相对前两次改革，可称之为第三次土地改革。不同的是，这次改革是对第二次改革的体制框架内的改良，即土地集体所有制不变，仅对使用权和经营权做了调整，把使用权部分下放给农户。“所有权是集体的”制度不变。这次对土地和农村的改革，也被视为对传统农业或小农经济的改造，分三步推进：第一步，实行以家庭承包制为核心的农村经营体制改革；第二步，实行以农村税费改革为核心的国民收入分配关系改革；第三步，实行以促进农村上层建筑变革为核心的农村综合改革。这三步改革始终贯穿一条红线，就是保障农民的物质利益，维护农民的民主权利，解放和发展生产力。[①] 然而，1978 年至 2006 年末，中国人口从 9.63 亿增加到 13.14 亿，而耕地面积却减少了近 2 亿亩（其中，1986 年至 1995 年减少 6 789.6 万亩，1996 年至 2006 年减少 1.24 亿亩），人地比率也由 2.23 亩/人下降为 1.39 亩/人（其中全国有 14 个省人均耕地不到 1 亩，有 660 多个县人均耕地不足半亩，已经低于联合国确定的土地对人口最低生存保障 0.8 亩/人的警戒线）[②]。这主要是由国家非农建设用地增加（占 82.76%）和农村人口增长惯性（占 17.24%）双重因素导致的结果。[③] 随着人口城镇化和工业化进程的持续推进，今后仍将有一部分土地转为非农用地。如果农村农业人口不能有效地转移离开农村农业，那么，人均耕地面积还会进一步减少。

---

① 温家宝：《不失时机推进农村综合改革，为社会主义新农村建设提供体制保障》，《求是》2006 年第 18 期，第 3－10 页。

② 詹启智主编，张新光著：《“三位一体”的农村改革观》，北京：中国农业出版社 2006 年版，第 108、111 页。

③ 詹启智主编，张新光著：《“三位一体”的农村改革观》，北京：中国农业出版社 2006 年版，第 108、111 页。

1978 年至 1984 年农村农业的承包制改革，从全国各地农民自发承包起，到 1983 年得到中央决策层的认可和肯定而在全国全面普及实施承包制，全国 90% 以上的农户先后实施包产到户。然而，这种承包的经营体制，“对农业生产的影响只是一次性的突发效应，而到了 1984 年以后，这种制度变迁的冲击力已经释放殆尽”。尤其是 20 世纪 90 年代以后，农村农业土地资源大量流失，城市扩张占用了大量的土地。迄今为止，我国尚未建立适应社会主义市场经济发展的土地产权制度，市场机制在配置农村土地资源中的基础性作用发挥十分有限。行政配置的土地资源，令土地难以流转和集中。在农村改革初期，全国平均每个农户承包的耕地为 9.2 亩，被细分为 8.99 块，平均每个地块也只有 1.02 亩。[①] 目前我国的耕地包括广大国土资源，在相当程度上处于权责不清、主体不明、经营粗放等状态。产权虚置的农村集体土地所有制和“缺乏弹性”的土地政策，已经成为制约我国实行适度规模的现代农业家庭农场经济的最大体制障碍。

家庭承包制实施是经营组织的一种改良，不是一种产权制度创新。所有制或所有权关系没有发生任何改变，仍然是国有制和集体所有制。虽说人民公社体系解体了，人民公社名称不用了，但不等于人民公社作为一级所有制组织已消失，人民公社原来的所有制所有权已为后来的乡和镇所继承。相应地，大队作为一级集体所有制所有权组织被村委会所继承，生产队作为三级集体所有制所有权组织为村民小组或经济社所继承。同样的三级继承中，乡镇和村委两级集体所有制功能得到强化和巩固，而村民小组的集体所有制功能弱化了，甚至虚化了。人民公社（包括生产大队和生产队）名称改换了，但人民公社体系构架中的三级所有、以生产队为基础的基本制度没有改变。不同的是，人民公社时期，生产队作为基本核算单位，所有制所有权地位比较突出，公社和大队两级反而没那么突出。改革开放后，在人民公社时期虚置的公社和大队，改为乡镇和村委会后，地位得到了大大的提高，其所有制所有权及使用权、经营权的功能大大加强和凸显，如 20 世纪 90 年代后的圈地买地、强拆强迁，大都是乡镇和村委会做出的举动。村民小组的集体所有制所有权的地位已经下降，或者说已形

① 张新光：《论农地平分机制向市场机制的整体性转轨》，《西北农林科技大学学报（社会科学版）》2003 年第 5 期，第 1－8 页。

同虚设。因为当上级集体组织——村委会或乡镇来强征、强圈和强拆时，村民小组作为一级集体所有制所有权的组织，对捍卫自己这一级所有的土地已经无能为力，只能任由上级集体组织对原本属于自己的土地进行宰割。村民小组这一级集体所有权功能的弱化，导致了农户土地使用权随时受到侵害，农户承包土地被强征、强圈、强占的怪事屡见不鲜。所以，乡镇村委会的集体所有制所有权的强化，村民小组的集体所有制所有权的弱化，不是一件好事。由此带来的一系列负面效应导致了农民承包权的产权缺陷和农民权益受损，这已经为世人所高度关注。

家庭农场需要有明晰的产权主体，如果农民不能拥有明晰的产权，就不会把土地当作自己的财产加以珍惜和保护。不管是所有权、使用权，还是租赁权，都必须明晰，否则农户不会放心对农地进行投资和保养。农地短期化行为不可避免，在农地产权不明确的环境下，农民只把土地当作临时的保命田，不会在农业商品化和规模化上做考虑和投入。

3.4 集体股份合作农业的局限性

在实行承包制时，并非所有农村都实行承包到户，有些地方和生产队就没有承包到户，而坚持集体统一经营。这些地方主要是城郊农村，他们的土地被列入城市规划，原有的土地不能全部用于农业，而只能作为厂房用于出租。尤其是大城市的城乡接合部的郊区农村农业，非农业化现象相当普遍，但生产队改为经济社，原大队改为经济总社，原公社成为镇。这些地方的非农业化趋势在加速，但农民收入不靠承包土地，而靠经济社或经济联社、总社统一经营的企业或出租的厂房，进行集体分股，把经济社或经济联社、总社的资产进行股份量化到户甚至个人。拥有个股权的个人，除了可以参加经济社或经济联社、总社的企业劳动领取工资外，年终仍有股权分红；不参加经济社或经济联社、总社企业劳动的，不领工资，但并不影响年终的股份分红。集体股份制通常指的就是这种城郊和城区化的城乡接合部的非农业化或半工半农式的集体经济组织。它适合特定的区域，即适用于农村城市化的区域。事实上，像广州、深圳等一线大城市的城乡接合部过渡到都市区后，仍然保留经济社或经济联社、总社这种集体经济组织和集体股份合作制的形式，如隶属广州市天河区的许多镇就仍然保持这种经济社或经济联社、总社的集体股份合作制经济。江苏省华西村的集体经济组织也是同一种情况。这种集体股份制有如下特点：一是保留集体经济名义下的集体经济和产业非农业化；二是集体的土地和资产具体量化到户或个人，持股人可以不直接参加劳动；三是年终按股权分配，享受集体的统一福利。这种形式的集体经济组织，只适宜城市和城市郊区，对于广大以农业为主、直接进行农业生产的农村，在人与土地比例存量不变的情况下，集体股份合作制难以推广实施，勉强实行也会因效果不佳而无法坚持。由于集体股份合作组织实施条件的特殊性和局限性，对于以农业为主的广大农村地区，集体股份合作制并不能成为当前发展现代农业的主力，更不能取代家庭农场经济组织而成为向现代农业转型的主导形式。

4 传统农业超稳定的缘由

4.1 走不出均田制循环的误区

中国是一个具有五千年传统农业文明历史的国度，土地所有制不因社会形态变迁而改变。在土地所有制上，我国曾先后实行过土地的国有集体共耕制、国有家庭均分承包经营。奴隶社会的井田制实行的就是集体共耕制，奴隶先耕公田后耕私田，耕私田是耕公田的劳役者的报酬，耕公田是劳役者取得私田的劳役地租。封建社会实行均田制，均分到户，单家独户分散经营。1949 年新中国成立以来，实行均田制—集体共耕制—均田制的循环。五千年的传统农业文明无法摆脱传统农业的桎梏，无法走上现代化农业的道路，其原因何在？今后农业根本的、真正的出路何在？下面将进行探讨。

历史上的共耕制和均田制在封闭体制下循环不息。共耕制和均田制作为两种不同的农业生产经营体制，并非 20 世纪中国的产物。它与我国传统农业一样古老、恒久，贯穿于五千年的传统农业文明，可谓源远流长。这两种经营体制是可为一切制度运用的使用权，其外部铸成了一层坚硬的壳，成为坚固的封闭循环体系，而共耕制和均田制只能在硬壳下循环。

建立人民公社集体共耕制，按照毛泽东的设计思路是先集体化后机械化，以此来实现农业现代化。“一化三改造”之后集体化实现了，但是人民没有富裕起来，反而更加贫穷。机械化尚未实现，又返回了均田分包制。如果拨开意识形态，单纯就方式来看，在短短的 20 世纪后半期，中国经历了集体共耕制到均田分包制的变化，历史条件下仍然无法走出封闭循环的历史怪圈。

共耕制、均田制都无法走向现代农业。共耕制不姓“社”，均田制也不姓“资”。我国从1956年建立社会主义制度后，农业现代化的分三步走的第二步就是实行集体化，即实行人民公社集体共耕制。这种经营体的特点是“一大二公”。1958—1960年实行公社为单一公共食堂制，吃饭不要钱，统一出工收工，最大的公社规模达到两万人同耕几万亩地。之后确立的以队为基础的三级人民公社集体共耕制实际上是把共耕规模从公社缩小到生产队范围，共耕规模缩小了，但产权制度没有改变，产权从所有权到使用权、收益权、支配权、处置权等仍然是公社的。这种共耕制形式主义产生于社会主义，但是它并非社会主义的创造，早在原始社会共耕制就已出现，即由各个部落组成的原始公社成员进行集体共耕。集体共耕延伸到奴隶社会，奴隶主设公田与私田。公田由奴隶们集体共耕，私田作为奴隶耕公田的“报酬”。同样是集体共耕制，只不过所有制的背景不同，前者是部落共有制，而后者是奴隶制国家的所有制。相隔了漫长的封建社会，集体共耕制跨过封建的历史隔膜之后又来到社会主义，中国建立社会主义制度后实行集体共耕制的经营体制和形式主义，使之作为解救贫苦人民的济世良方。然而，在漫长的原始社会和奴隶社会，集体共耕制都存在一个共同的缺陷——没有效率。历史有惊人的相似之处，社会主义集体共耕制也存在着偷懒、磨洋工、搭便车等问题，这些问题不像传统说教那样，不是由人的觉悟程度没有提高、思想工作没有做好等所致，而是由一种没有效率的产权制度导致。集体共耕制在原始社会、奴隶社会曾经存在过，在几千年之后的社会形态都存在过。因此，共耕制不姓“社”，共耕制只不过是社会主义曾经尝试和运用过，在新的历史条件下的再一次尝试而已。共耕制并非如某些人想象的那样来到社会主义之后就会有效率。

从1978年开始，我国对已实行20年之久的人民公社集体共耕制进行改革，实行均田分包制，即把原由公社集体耕种的农户地按人头承包到户，实行权、责、利结合。在均田分包制下，经营土地规模虽小，但具有一定的经营自主权和收益权，除了交给国家的，剩下都是自己的，农民积极性被调动起来了，农业劳动生产率提高，经济效果好，并释放了大量的剩余劳动力用于发展第二、第三产业。均田制产生了作用和效果，有人便说均田分包制是资本主义，其实这是不符合实际和史实的。均田制并不存在于资本主义，资本主义与均田制是不相容的，均田制正是被资本主义所抛弃的。在资本主义社会形态的国家，均田制已不复存在，所以把均田制说成姓“资”，不是无知，便是武断。严格地说，均田制产生于封建社会，它是对奴隶社会的集体共耕制的否定，反映和体现了一种历史的进步。但是它受到资本主义社会机器大生产先进农业的排斥，无法在资本主义社会立足和生存。因此均田制不曾姓“资”，也不配姓“资”，把均田制说成姓“资”是个历史笑话。

共耕制不能解决产权的效率问题。共耕制产生于原始社会的部落公社制，盛行于奴隶社会。在生产力极端落后的部落公社制时代，这种集体共耕制的产权是否有效率，当代的人们无法做出客观的评说。然而，从部落公社制时代的生产工具和部落公社制的解体来说，其证明了集体共耕制的产权是没有效率的。到了奴隶社会，人身连同土地一起都归奴隶主国家所有，奴隶和土地一样都是奴隶主国家的产权资源。奴隶主在公田上实行集体共耕，把私田作为对奴隶耕公田的报酬。结果奴隶耕私田时积极，但耕奴隶主的公田时毫无积极性，公田荒芜，奴隶社会的集体共耕制是无效的产权制度安排。社会主义的人民公社体制，实行集体共耕制。虽然土地为公社集体所有，公社是人人有份，但不因为人人都有份而爱护公田，从而自觉不计报酬地劳动，在许多社员看来有份与无份一个样。因此在集体共耕中，劳动者大多都不出力、磨洋工、偷懒、搭便车。少数靠思想觉悟、不怕苦不怕累的劳动者的劳动热情最终也坚持不下去，从而导致公田错过种植季节，成熟的作物大片倒伏，无法及时收上来而造成极大的损失。实行人民公社制后，1961—1963 年陷入了三年经济困难时期，全国饿死及非正常死亡的有3 000 多万人，饿到水肿的不计其数，这可以说是对集体共耕制最好的检验。后来的十多年里，公社共耕制降级为生产队集体核算，共耕规模大为缩小，但仍旧不能解决集体共耕制的痼疾，这样集体共耕制不可避免地要被另一种产权制度安排所更替。

均田制不能解决规模和市场问题。1978 年后集体共耕制解体了，1989 年以后全国实行均田分包制，它解决了权、责、利的结合问题，减少了平均主义和出工不出力、偷懒、磨洋工、搭便车的现象，对于农户收入、农户的休养生息及乡镇企业的发展都有相当重大而深远的现实与历史意义。然而由于均田制规模过小，中国的15亿亩土地分散承包给2.6亿农户，户均土地为8亩，随着时间的推移、农户的增加，户均面积还会进一步缩小。农户边际收益进一步下降，城乡差别还将不断拉大。由于均田制面积过小，农户万户平均收入只有同期城市万户平均收入的1/5，人均收入只有城市人均收入的1/4左右。农户均田面积过小，农户每年收入除上交公食和交售被低价征购的订购粮外，剩余勉强维持自给，加上各种杂费摊派，许多人根本就不够自给。而农户产品受政府控制不能自由上市，使农户种田蚀本，农业收入逐年递减，城乡矛盾尖锐。因此，均田制作为对集体共耕制造成的效率低下、农民疲劳不堪的一种体制调整，对传统农业生产力恢复是必要的，也是符合当时历史发展需要的。但是当上述目的都达到、农业面临着上新台阶、向现代化农业迈进的时候，均田制表现出了极大的缺陷，它不能解除规模化、机械化和商品化的状态。因此，坚持传统小农经济体制是不可能走出小农经济的困境，走向以规模化、机械化、商品化、市场化为标志的现代农业道路的。20世纪90年代以来，一些地方出现的股份合作制经过土地入股分红，具有农业初级合作社的性质。股份合作制反映了当代中国要求改变均田制的趋势，也较好地解决了平均主义的问题，但是这种形式既不能解决农地的规模问题，又不能解决产权运作的效率问题，不过是20世纪50年代农业初级合作的一种回归，无助于从根本上解决中国农业现代化道路问题。

从以上历史和现实的材料分析来看，集体共耕制和均田制都是一种不合时宜的落后的产权制度安排。它们的表现形式和局限性是不同的，但结果是一样的：它们都只能强化传统农业，无益于现代化农业的发展。共耕制与均田制循环往复，不过是简单封闭的拉锯式来回，不过是对实现现代化农业的误解而已，集体共耕制缺乏效率，而均田制缺乏规模。有人会说：“把两者结合起来不就既有产权效率又有规模了吗?”这有一定的道理，但不是把这种经营体制进行简单结合，而是要实现有机结合。内在化结合要在均田制基础上扩大经营规模，但这又涉及扩大规模问题和产权制度的改革问题，故必须在改革产权制度的基础上扩大经营规模。改革产权制度就是要建立一种所有权与使用权分离及使用权的市场化流转机制。对于均田制的农户，只有扩大规模才有现实可能性，否则只能流于空谈和贻误历史契机。

4.2 户口制度造成人身被束缚在土地上

社会进步与经济自由是成正比的。社会制度改革就是从不自由的经济制度向部分自由到完全自由的经济制度转变。在奴隶社会，奴隶与土地一样是奴隶主的私有财产，谈不上自由。在封建社会，土地是地主的财产，农民可以租种，但若交不起地租，就要沦为封建地主的奴隶，为地主所有。土地可租可不租，但封建社会只有土地是生活出路，你要生存，就得租地，但租种关系似乎比奴隶多一点自由。资本主义完全是雇佣劳动，在双方愿意的前提下进行。你不种地可到城镇做工，这又似乎比封建制度多一点经济上的自由。但是资本主义是以城市工业为基础。这样经济上要想实现一定程度的自由选择，就要以离开土地为前提。由于中国是户籍制管理国家，历史上资本主义因素不能说没有，但一直是被压抑着的。户籍制是造成中国小农经济长期超稳定存在的重要原因。

第一，户籍制是小农经济的凝固剂。户籍制作为一种社会角色、地位、身份和人格的等级标志，是小农经济的凝固剂。户籍制产生于奴隶社会向封建社会过渡的转换时期。这是因为在奴隶社会里，奴隶主对奴隶的绝对占有和支配及处置引起了奴隶的反抗。奴隶反抗的目的是摆脱自己的人身所属关系，即把人身归还自己，而不是归奴隶主所有。长期作为奴隶主所有的奴隶一旦脱离了奴隶主的占有和隶属关系之后，怎样独立生存呢？离开土地进城做买卖谋生，在古希腊、古罗马等国家是允许的，而在中国是不允许的。所以在中国奴隶社会里，奴隶脱离自己的人身依属，但摆脱不了对土地的依存，因为除此之外没有别的选择。即使有少数人铤而走险做买卖，生活也要遭到迫害。事实上，奴隶造反、脱离占属关系，奴隶主是不放心的，在春秋战国时期的秦国，当他们看到奴隶骚动起义时，便推行所谓的“法治”，实施了户籍制。这样，即使奴隶脱离了奴隶主的人身占有关系，也依然脱离不了户籍制的控制，户籍把奴隶单一地禁锢在一个地方，不能流动迁移。这样，户籍制就切断了奴隶离开土地、聚集在一起闹事或进入城镇做买卖维持生活的可能性。有少数奴隶背井离乡，远走他乡做买卖或流浪，其下场总是不好的。在户籍制下，表面上奴隶不是奴隶主的了，由人身占有关系变成一种租赁土地的经济关系，但奴隶如果不能交足地租或欠租，便要以人身抵押，甚至重新沦为封建地主的私有财产。春秋战国时期，秦国与其他六国一样，都是典型的奴隶制小国。秦国率先实行改革，实行户籍制，使奴隶地主与奴隶的人身占有关系，变为封建地主与农民的租赁关系；同时也保留奴隶制的残余，这就使农民在交不起地租时沦为封建地主的农奴。户口把农民固定在一个地方，按时收租赋粮、按时抓兵役都十分方便得手。此举对奴隶制的人身占有关系来说，无疑是一种改革和进步。这种户籍制度一经实施，就解决了封建社会赖以生存的两大基础问题——粮食和兵役，从而维护了封建制度，使秦国粮足、兵源不断，从而兼吞了六国。秦国靠户籍制获得成功，在兼并六国之后，又把户籍制在全国推广普及。从此，户籍制在中国实施了两千多年，虽然在某些时候有过松动，但终究没有改变。作为封建社会一项基本制度的户籍制对于奴隶社会是一种改革和进步，从生产角度来说，户籍制在封建社会一定时期也起到积极作用。然而，随着时间的推移，这种作用已消失，户籍制走向了问题的反面，即对社会生产力不仅没有起促进作用，反而起到破坏社会制度和社会生产力发展的副作用，这就是户籍制阻碍比封建社会制度和生产力更先进的资本主义制度和生产力的产生。因为资本主义要以城市为载体来发展工业和商业及服务，发展这些产业主要靠来自农业的劳动力。然而，其他欧美国家正是通过农业劳动力的自由流动和转移来过渡到资本主义社会的。而在中国户籍制下，人口被困在土地上，把资本主义因素扼杀在萌芽之中。这就是中国封建社会历经2 300多年，比欧洲国家长1 500多年的缘故。在中国宋朝时，统治者对户籍管理相对没有这么严密和强硬，使宋朝人口流动增加，促进城市工商业的发展。由于人口流动有了自由度，各地学者都进京城或其他城市讲学、交流学术，从而使宋朝学术风气盛极一时。北宋时期，社会生产力发展较快，出现了城市工商业的发展，使资本主义因素开始孕育。然而，由于宋后期和元代辽金的动荡，到了明朝又加强了户籍制的管理，人口自由进入城市被重新禁止，城市工商业人口被驱逐迫害，刚刚孕育的资本主义因素又被扼杀在摇篮之中。

在社会主义制度建立后，中国先是建立人民公社，以队为基础。土地既是生产队的，又是国家的，大家劳动，除了缴纳公粮，剩下是队里的，队里再根据各人劳动进行分配。这种生产效率很低的劳动，劳动者没有积极性，坚持了十多年后被迫实行承包到户经营，一定下来则十五年不变，或三五年调整一次。由于是一家一户的小块地承包，依然是以种小块地为主。

第二，户籍制下没有人的流动与择业自由。在占绝大多数的农村人口中，他们的活动空间只有乡村方圆数里内，即离地不离乡。他们的经济行为是受到严格控制的，即只允许在农业内部寻找发展，或种或养，一般不提倡经商；就是说你的户口是祖宗相传的农户，进城镇便成为城里人，没有户口的城镇商人是随时要遭到驱逐的，更不要说进城从事工商业。中国社会的历代皇朝都是打击商人，反对私工的。皇朝需要的奢侈品，如艺术品、珍珠、瓷器之类，或者设立官工制造供应，或者通过私工来贡献，一般是官办的工场。民间的工场作坊，因没有熟人代销，又经常遭到取缔，发展极其缓慢。城里的手工业者，只是在规定税收和产品进贡之后，才允许自产自销。到社会主义建立的头 30 多年，也仍然在沿承着这个抑工商的做法，十年“文革”时期更为突出。取缔农村城镇的集贸市场，把三日轮流一市强制改为统一圩期，一些地方或以五日或十日为一个集市日，有些地方以七日为一个集市日，非集市日则派武装民兵在路口设关卡，守住农民不让其进入城镇圩市赶集或做买卖等。曾有的地方规定统一每月中旬的 15 日甚至每月月底才开放一日市集，只有每月中旬或月底才允许农民进集市交易。这就意味着东西只能等到 10 天、半个月甚至一个月后才能进集市交易，如果一个圩日内卖不出去，就要再等一段时间才能再卖。那么，这么多商品，大多数是农产品，如果是水果、蔬菜、鱼肉等，根本等不到 7 至 10 天就坏了。即使其是可保存的农产品，如果一个圩期卖不出去，也会发霉变质。对买方来说，每个集市期只能买一两天的农产品，如果买多了就要坏掉，如青菜、鱼肉等，水果也是这样；但如果不买足 7 天或 10 天的食品，食品就要中断。为了保证自己的生活需要，就得搞自给生产了，这样就强化了小农自给经营。搞自给的人多了，就排斥了为市场而生产的商品经营。

长途贩运，本来是流通在更大范围展开调节供求关系。但是由于户籍限制，外来人总受到当地的户口干预，如没有户口就要遭到驱赶或被认为是投机倒把之类。在这样的市场制度下，人们是没有经济自由的，首先是没有择业就业自由，比如你是农民就只配种田，而且必须种自己的田，你不能随意进城镇做工经商，最多允许你临时进城做脏累杂活。你如果想开个店、摆个摊，必须有城市户口批准，否则你就有随时被罚款、驱赶和取缔的危险，城镇没你的立足之地，你的产权权益并不受保护。

4.3 农户不享受拥有土地财产的自由

在封建社会，“普天之下，莫非王土”，土地名义上是国家的，实则是皇帝及其家族集团的。皇帝即国家，国家所有就是皇帝及其家族所有，然后由皇帝向下逐级分配到各级官僚，由官僚地主再出租给平民百姓耕种。在封建社会，土地是生产资料、劳动对象和财产，除了土地就是金银。在社会主义社会，土地是国家代表全民所有，而国家所有又是政府管理，实际上也就是政府所有。

中国在1912年推翻封建帝制后，以孙中山为代表的中华民国成立，不久又被袁世凯威逼退位。袁世凯窃取大总统宝座后，不久即宣布恢复帝制，却得不到北洋新军和各地军阀的拥护，在全国一片讨伐声中死去。袁世凯从上台到死去，丝毫没有想过要给农民土地；相反，他一上台就想着怎样扩大个人权力，复辟帝制，把整个国家窃为己有。后来陷入的军阀纷争，无论是孙中山二次革命建立的南方国民政权，还是北洋军阀控制的北洋政府，也都没有考虑到实行土地改革，给予农民看得见的利益。直到共产党成立和建立井冈山根据地，才着手打土豪、分土地，给予农民直接的看得见的物质利益。无论是在受到蒋介石围剿的时期，还是在抗日战争时期，都没有中断过给农民解决土地问题。特别是解放战争时期，共产党领导军队首先在东北开展大规模的土地改革，调动农民参加解放战争的积极性，动员了数以百万计的农民参军参战，终于打败了有美式装备的以蒋介石为首的军队。1949年，新中国成立，共产党履行了对人民的承诺，在全国范围内开展了一场声势浩大的土地改革，被封建专制压制了两千多年的农民终于分到了属于自己的土地。这个时期实行的是土地个人所有制。1949—1953年的土地革命是新中国成立以来最成功的一次土地改革，正是这次土地改革，使经历百年战乱、满目疮痍的中国经济迅速恢复起来。然而，土地改革带来的成果并没有巩固和坚持下来。1953年底就酝酿着一场声势更浩大的土地改革运动，这就是著名的“一化三改造”运动。其中一化，就是开展社会主义的集体合作化。在农村农业领域，通过互助组、初级社和高级社的形式，引导农民走合作化道路，当然入组和入社的前提条件就是把自家的土地、耕牛和农具统统交给“集体”。这样一来，才分给农民没几年的土地就被充“公”，即集体化。被充“公”的土地无论是所有权还是使用权都不属于农民自己了。即使到 1958 年人民公社食堂制度导致全国各地不断发生大规模饿死事件后，国家取消人民公社食堂制度，却不取消人民公社制度，只是在人民公社内部划小核算单位而已，由一级所有划分为公社、大队和生产队“三级所有”，并明确以生产队为基础，允许农户在种好生产队土地的同时拥有一小块“自留地”。就连这么一点拥有使用权的“自留地”，到“文革”时期也被当作资本主义尾巴割掉。改革开放后实行农村生产家庭承包制，是所有权与使用权的适度分离。农民拥有有限期的使用权，开始由 15 年不变调整为承包 30 年不变。不管农村用地是 15 年或 30 年不变，还是城镇用地 50 年或 70 年不变，都只是有限的使用权，而不是真正意义上完善的产权所有。

4.4 把土地作为社会保障和社会稳定的功能

在旧中国的传统社会中，小农经济基础维系了封建专制制度的长期存在。封建专制的经济基础是农业，政治基础是高度集权的家长制，军事基础是无偿的兵役，文化思想基础是儒家的仁、孝忠和服从。在封建社会，统治者代表国家掌管和占有全国的土地，然后由皇帝根据各级官僚的“功劳”大小，分配土地。这些官僚后代便成为脱离官场而又为官场所保护的地主；地主又把土地分割成无数块分别租赁给农民经营；农民除了交地租外，还把自己的有限收入义务贡献给“国家”（皇帝及其家族）享用及兵用。小农经济是以贡献和自给为主的自然经济，小农的生产成果不通过市场流通，而是作为地租、贡品和自给的产品进入消费过程。因此，小农经济一般与市场无关，这样皇朝不必通过商业程序便可无偿占有小农的劳动成果。如果进入流通领域，皇朝要通过流通市场的商业程序来获得农产品的劳动成果，那是不可思议的。所以，小农经济正是皇朝无偿获得经济来源的有效途径，即使是皇朝所需要的工艺品之类，也是通过贡品获得。由于这些工艺品不能获得报偿，作为生产者往往不愿生产，这也是中国手工业不发达的原因。

在这里，土地又同时被作为保障农民生存的必备条件。虽然说当下的土地产权主体并不完全是农民的，农民仅享有有限的产权，即使他们有了土地，也不一定就可以生活下去，但对大多数农民来说，如果没有了土地就根本不能活下来。所谓“保命田，保命地”，这个观念直到现代还深刻地影响着中国农民。直到现代，中国农民仍然把土地当作命根子，因为他们不能像其他国家公职人员那样拥有优厚的社会保障。一旦因强征强拆而失去了土地、房屋及宅基地，他们就会流离失所。事实上，近十几年来，不征得农民同意就强征强拆农民的土地和房屋的现象，在全国各地都屡见不鲜，而且愈演愈烈。失地农民成为“三无”人员，沦为社会边缘群体，游离在城乡之间，成为动摇社会稳定的因素。处理这个问题的传统做法是把农民固定在土地上，现在再用这个办法已经不成了。因为被征去土地的农民，无土地可种，需要进入城市并取得就业和社会保障，拥有平等的国民待遇。这就促使我们的政策与时俱进地进行调整，为失地和无居所的农民提供新的生存机会和生活空间。

社会主义经济应是没有户籍隔离的城乡自由经济。按照马克思设想，社会主义应当是建立在资本主义生产力发达水平之上，才能实行公有制和计划经济，取消商品和货币。然而，我国社会主义则相反，是建立在小农经济根深蒂固、资本主义生产力极不发达的基础上。不顾这个基础贸然全盘照搬马克思在一定条件下引出的科学结论，生搬硬套，将会给我国的经济建设实践造成重大损失，延误中国的发展，拉大与世界发达国家的差距。因此，要正视社会主义建立在资本主义生产力极不发达的基础上这个国情。在社会主义政治制度的条件下，发展在资本主义发展中所必须发展的社会生产力。这样，学习资本主义在生产力发展的过程中的科学方法与经验是不可回避的。比如，资本主义发展是以城市为载体，即通过人口城市化、工业化来发展资本主义工商文明，而人口城市化、工业化的前提就是实现人的流动及择业、创业的自由。一句话，就是不应有反经济人格的限制。农村人口自由进城市从而改变了小农经济，城市人口聚集进而促进城市工商业及其一切相关产业的连锁发展，而城市人口流动又使最优秀的人才流动到最能发挥其才干的地方去。同时，城市人口流动把科学文明及相关内容及时传播。此外，城市人口聚集和农村人口的锐减，解决了小农经济人多地少的矛盾，实现了土地的相对集中商品化、机械化和现代化，达到城乡均富和共同繁荣，就是说大多数在城市的工商业者获得高于干农活时的收入；而在农村的农民，虽然农活脏累，但获得的收入相当于甚至高于城市人口平均收入。只有这样，城乡差别才能由扩大变为真正的缩小，以至消灭。但是，在户口制下，农村人口收入往往低于城市人均收入，城乡矛盾日益尖锐。

5 家庭农场与现代规模农业

以研究农业社会向工业社会的转化为主旨的、在总结发达国家和发展中国家现代化进程的历史经验中产生的发展经济学的理论，特别是其中的二部门发展理论尤为必要。按照这一理论，实现经济起飞的关键是将传统的、自给的、人均产值很低的在农业中处于隐蔽失业状态的劳动力转移到人均产值较高的工商业部门中，使人均产值大幅度提高，完成国民收入由递减向递增的转变。为什么只有实现多余劳动力由农业向工商业的转移才能开始经济的起飞？这主要是因为封建农业经济的缓慢增长无法抵御日益增长的人口压力，封建农业经济的主要生产资料——土地是有限的。

发展现代农业是否有规律可循，回答是肯定的；是否受国情土地多少的条件限制，回答是否定的。纵观成熟的经济体或发达的工业化和农业现代化的国家，它们实现农业现代化的主要路径，就是家庭农场组织的制度设计。从家庭农场的存在形式来看，分为大、中、小型家庭农场。美国、加拿大的属于大型家庭农场，法国等欧洲国家的属于中型家庭农场，日本和我国台湾地区的属于小型家庭农场。下面我们就美洲、欧洲、东亚地区常见的大、中、小三类不同的家庭农场进行阐述，从中发现一些有规律性的共同因素。

5.1 北美的家庭农场

5.1.1 美国的家庭农场

1776 年，美国宣布脱离英国的统治而独立。美国政府开始考虑建立一种农业生产发展的制度和经营组织来发展农业，以取代黑奴种植园的落后生产方式。经过 40 多年的探索，1820 年美国将共有的土地以低价出售给农户，建立家庭农场的经济制度，并把这一制度运用于西部开发，促进美国西部开发的热潮，也吸引来自国外的移民。1862 年，美国通过了《宅地法》，向真正需要土地的人赠送公有土地，逐渐实现了土地所有权的“私有化”，为家庭农场的成长奠定了制度基础。经过 100 多年的发展，家庭农场经营规模不断扩大，数目不断减少，1935 年家庭农场数目为 691.4 万个，到 1989 年减少为 214.3 万个。每个农场平均用地从 1920 年的 147 英亩，增至 1989 年的 457 英亩，占农场总数 25% 的家庭农场，生产的农产品占全国总量的 85%。这一比例随着时间的推移仍然在上升。在美国的现代农业组织体系中，以家庭农场为主体，约占各类农场总数的 87%，合伙农场占 10%，公司农场占 3%。由于许多合伙农场和公司农场也以家庭农场为依托，因此美国的农场几乎都是家庭农场，可以说美国的农业是在农户家庭经营基础上进行的。以家庭农场为标志的现代农业，只需占总人口 3% 的农民进行农业生产，产出的粮食等农产品能满足美国近 3 亿人口的消费需求；还有大量农产品出口至世界各地，其出口量占世界出口总量的一半。

20 世纪末，美国家庭农场也像公司农场、农工商企业一样，适应大规模的经营要求，拥有 81% 的耕地面积、83% 的谷物收获量、77% 的农场销售额。美国把全国分为 10 个农业生产区域，每个区域主要生产 1 ~2 种农产品，建立和发展生产经营专业化：有的专门种植大田作物，有的专门种植蔬菜或水果，有的专门饲养牲畜或家禽。随着农业服务业的发展，农业产前、产中、产后服务体系日益完善，大大促进了农场生产经营的专业化发展，其中分解出来的一些内容由专门的农业服务机构承担，家庭农场主要集中于土地的产出或养殖业的直接经营管理。

美国农业生产是高度专业化的，连有机肥料的堆沤也采用家庭农场方式进行。斯诺农场就是美国一个典型中等规模的家庭农场。农场主人菲尔·斯诺从祖辈手中继承这个占地 60 英亩的农场，并和家人一起经营。斯诺农场规模不大，但经营种类繁多。农场的主要产品是有机堆肥，几座小山一样的堆肥占据了农场的一大片土地，铲车不停地在堆肥场上忙着倒堆、装车。据菲尔·斯诺介绍，环卫部门把落叶等以有机物为主的垃圾运到他的农场，经过一年多的堆积，垃圾变成了由腐殖质和水等组成的有机肥。这种肥料每袋售价 4 美元。这种产品原料来源丰富，不但不用花钱买，还能收取垃圾处理费。农场还养牛和美洲驼等家畜，并出售圣诞树、用于铺设私家车道的碎石和覆盖庭院植物的木屑及建筑用沙。菲尔·斯诺已经60多岁，如果是在其他行业已到退休年龄，但他现在每天仍然可以日出而作，日落而息，开着一人多高轮子的铲车在堆肥场里倒肥，一干就是一天。而当农场活计太多，人手不够时，菲尔·斯诺还会雇几个打工的大学生。菲尔·斯诺说，自己年纪大了，会逐渐把管理事务交给子女。

5.1.2 加拿大的家庭农场

加拿大是世界上农业最发达、农业竞争力最强的国家之一，以精良的谷类、油籽、蔬菜、精肉和乳制品著称于世界。在加拿大，农业以家庭经营为主，它们也是典型的家庭农场。目前，加拿大的种植业家庭农场土地经营面积平均达到300 公顷，其中，100 公顷以下的小农场占农场总数的 45%，500 公顷以上的大型农场占农场总数的10%。在养殖业中，奶牛养殖平均规模为200 头至300 头，肉牛养殖规模在6 000 头左右，生猪养殖规模在3 000 头左右。加拿大家庭农场的现代化水平很高，全国平均每个农业劳动力大致配备有两台拖拉机。据悉，加拿大目前已有一些农场实现了智能化，如用机器人挤奶。专业化是现代农业的重要特征。在加拿大，农业的专业化生产分别体现在区域布局的专业化和家庭农场产业分工的专业化两个层面。从区域来看，加拿大的主要农产品生产已在全国10 个省中形成了不同的区位优势。谷物生产主要集中在阿尔伯塔、萨斯喀彻温和曼尼托巴“草原三省”，中部地区的安大略和魁北克两省则以奶牛、肉牛、鸡、猪等畜牧业和蔬菜、水果等精细农业以及烟草、枫树等特种作物为主。在分工上，加拿大家庭农场主要分为饲畜业农场、谷物农场、农牧业混合农场和特种作物农场四类。饲畜业农场以饲养牲口为主；谷物农场基本上种植小麦、大麦和燕麦等大田作物；农牧业混合农场既种植大田作物，也兼养牲畜；特种作物农场主要从事水果、蔬菜和烟草等耕作。

5.2 欧洲的家庭农场

5.2.1 法国的家庭农场

法国中小农场占很大比重，专业化程度很高，按照经营内容大体可分为畜牧农场、谷物农场、葡萄农场、水果农场、蔬菜农场等，专业农场大部分经营一种产品，突出产品各自的特点。同时，过去由一个农场完成的全部工作，如耕种、田间管理、收获、运输、储藏、营销等，现都由农场以外的企业来承担，使农场由原来的自给性生产转变为商品化生产。

根据法国农会提供的信息，法国大约有 50 万个家庭农场，农场平均使用劳动力 1.5 人。相比政府农业部，农会和合作社是更为活跃、有效的组织，它们把单个的农业生产者紧密地联系起来，形成了一个巨大的网络。法国农会主席居伊·瓦瑟尔认为，农民应当成为这个行业的主人，“因为只有他们对土地了解最深、感情最深，是最负责任的管理者”。这些农场在“二战”前就开始实现机械化耕种，“二战”后机械化程度不断提高。20 世纪 50 年代，一个农场只能养活 10 人；而到了 2010 年，同等面积的农场大约可以养活 150 人，效率大大提高了。

许特尔指出，家庭农场有朝着更大规模发展的趋势，整体数量在减少。现代农机价格昂贵，会给家庭农场带来较大的经济压力。通行的做法是几个农场联合，共享农机。“家庭农场的发展需要比较稳定的土地所有权关系，这样可以给农民一些长远规划的空间。”许特尔说。

农会资助家庭农场。克劳德·莫里索居住在距巴黎市约 90 公里车程的粮食大省——塞纳—马恩省。一家人从 20 世纪 70 年代开始经营的家庭农场占地 240 公顷，每年可产大约 600 吨小麦、350 吨大麦和 5 000 吨甜菜，同时也饲养羊、鸡和兔子，还兼营旅游业。家庭农场分工明确，克劳德·莫里索全面管理，妻子玛丽向游客和学生开办“农业课堂”；两个儿子中，梵尚打理店铺和主管自家农产品的销售，皮埃尔负责种地和操作各种机械；此外，农场还雇了一名工人养鸡、养羊。

根据克劳德·莫里索与合作社签订的合同，他家的小麦等农作物在收割后由合作社以统一价格集中收购。如果当年的市场价格上涨，合作社需要再付给克劳德·莫里索那部分差价；如果市场价格下降，损失则由合作社承担。居伊·瓦瑟尔在接受记者采访时说，法国的农业合作社在19世纪末就已出现，目的是更好地保护农民和农业，抵御市场带来的风险。

居伊·瓦瑟尔说，农会、银行对农民也有多种扶持。法国对农业的补助直接体现在贷款利率上。近15年来，尽管政府对农业的直接投资少了，但是法国农业信贷银行的贷款利息一直在下降，35岁以下的农业生产者还有机会享受无息贷款。农会还帮助农户建立网站，或者每年定期组织实体农贸市场，帮助农民打通销售渠道。

居伊·瓦瑟尔说，从戴高乐时代起，法国就逐渐把管理农业的权力下放到农民手中。例如，法国农会成立于20世纪20年代初，是一个代表农民利益、与公共机构进行对话的民间组织。从20世纪60年代开始，它逐渐代替政府机关，开始承担农业方面的公共使命，包括制定农业政策，为农业生产、销售全过程提供咨询和服务等。农会主席等主要成员都是农民，通过选举产生，居伊·瓦瑟尔本人就在中央大区的卢瓦尔—谢尔省经营着一家农场。农会在全国共分布着4 200名成员。

5.2.2 德国的家庭农场

德国家庭农场的特点：一是家庭农场普遍化。在德国各地，家庭农场是农业的普遍形式，构成了德国农业的实体基础。大型家庭农场，经营土地规模在100公顷以上，全国有2.93万个，占德国农业企业总数的8.29%；中型家庭农场，经营土地规模在30~100公顷，全国有10.4万个，占总数的29.44%；小型家庭农场，经营土地规模在2~30公顷，全国有21.85万个，占总数的61.94%。二是种类多样化。德国家庭农场种类多样，包括粮食种植、生猪饲养、蛋鸡和肉鸡饲养、奶牛和肉牛饲养，以及蔬菜种植、水果种植、葡萄园、花卉种植、苗圃、渔业等不同类型。一个家庭农场从事一项主业，但有相当多的家庭农场同时兼营手工业、修理业、旅游业等其他行业。三是经营企业化。不管是哪种家庭农场，都建立了正规的会计制度，进行经济核算。德国各类家庭农场都配备了专门的电脑和其他信息工具。对于各项采购和投入、各项销售收入和产出等明细都入账记载，以进行企业核算。四是管理现代化。20世纪70年代，德国家庭农场已普遍实现了现代化，其标志是用现代工业装备、用现代科技改造、用现代管理方式管理家庭农场，以及用现代科学文化知识提高农民素质，建立起优质高效的农业生产体系和持续发展的农业生态系统。今天的德国家庭农场，全面实现了机械化、信息化、精准化和知识化。五是发展合作化。德国家庭农场一直积极提高组织化程度，其途径就是发展农民专业合作社。一个半世纪以来，专业合作社坚持“自愿、自主、自治、自助”的方针，坚持“民办、民用、民有、民主”的原则，坚持“统一供应农资、统一机耕、统一防治、统一品牌和统一销售”的服务宗旨。例如，德国通过发展“农机链”，即农机合作社形式，不仅提高了全面农业机械化水平，还有效提高了农机使用效率。如今“农机链”遍布德国。以最大的农业州——巴伐利亚州为例，农机合作社社员的数量超过10万，经营全州农田面积的3/4，在机耕和运输、播种和中耕、施肥和除草、收获和储藏，以及森林作业等领域，农业机械化发挥着重要作用。

德国家庭农场有代代相传的经营传统。西尔克·基尔斯腾是位女农场主，有两个儿子马克西和莫利茨。19岁的大儿子马克西正开着拖拉机在田里平整土地。“一要把冬天集中堆放的牛粪均匀地分散到地里，二要把土地平整好准备种玉米。”马克西一边娴熟地操作拖拉机，一边向观光者介绍。

“他们是农场干活的主力，大多数劳动都由他们承担。”西尔克·基尔斯腾说。她家的农场在德国东部勃兰登堡州，大约有160公顷的耕地，有一半是自己家的，另一半则是租种的。马克西和莫利茨并没有辍学，只是在每天放学后、周末和假期在农场帮忙。因为全都是机械化作业，所以两位“少年农民”就基本可以耕种这么大一个农场的土地。农场还养了75头牛，主要由她负责。她的丈夫有一个工作间，和两名雇员做一些门窗类木工。奶奶则给全家人做饭。

“说到底，农机才是干活的主力。”西尔克·基尔斯腾说。家里有大大小小20多台农机，从播种、翻土、施肥、洒药到收割，各种机械一应俱全。仅拖拉机就有7台，可以牵引不同的耕种设备，在不同规模的农田作业。牛栏里像喂食、挤奶、清扫牛粪这些活，也都是通过机械完成，真正需要人力的很少。75头牛中有40头奶牛，每天产奶约800升，养牛是农场的主要经济收入。她每年允许销售的牛奶配额为300吨。160公顷的土地中有120公顷用于种植牧草养牛，40公顷用于种植玉米、燕麦、黑麦这些粮食作物。粮食的40%也用于喂牛，其余的60%用于出售。

西尔克·基尔斯腾说农场的收入完全可以维持家用，“还可以有很多时间跟家人在一起，我很享受这样的生活”。马克西和莫利茨未来都愿意接手家里的农场，继续在家当农民。哥哥马克西再过一年就考大学了，他想报考农学专业；弟弟莫利茨则想学机械维修，这样以后可以自己维修农机。“从小在农村长大，喜欢农场的自然环境和动物。”莫利茨说，“家里有网络，去最近的城市只有6公里，这里的生活条件不比城里差，环境更好。”哥哥马克西说：“知道要做什么，就不用为未来操心。”“他们是现代农民。”西尔克·基尔斯腾骄傲地说。马克西还是当地一支乐队的电子吉他手，经常和乐队去周边城市和柏林演出。“经营农场和上大学、搞音乐并不冲突，在农场干活还可以给他的音乐创作带来灵感。家里的农场让朋友们都很羡慕。”经营农场与爱好文艺两不误。

5.3　东亚的家庭农场

5.3.1　日本的家庭农场

随着工业化的发展，日本的农业人口不断减少，政府把农地改革的重点由所有制转向使用制，在农地小规模家庭占有的基础上发展协作企业，扩大经营规模，鼓励农地所有权和使用权分离。政府鼓励农田租赁和作业委托等形式的协作生产，以避开土地集中的困难和分散的土地占有给农业发展带来的障碍，如以土地租佃为中心，促进土地经营权的流动，促进农地的集中连片经营和共同基础设施的建设，以农协为主，帮助核心农户和生产合作组织妥善经营农户出租和委托作业的耕地等。日本在20世纪之初就已经有了为数不少的家庭农场。由于日本是典型的人多地少的国家，家庭农场不可能很大，家庭农场的平均规模一般都在1.5～2公顷，立足精细农业。从规模上讲，日本家庭农场落后于美国和法国，以小型家庭农场为主。1946—1950年，日本政府采取强硬措施购买地主的土地转卖给无地、少地的农户，自耕农在总农户中的比重占到88%，耕地占到90%，并且把农户土地规模限制在3公顷以内，此后还用法律形式固定下来，立足饲料，服务畜牧。此后日本政府制定了一系列相关法律，1961年制定的《农业基本法》，鼓励农业生产的扩大和农业结构的调整。1962年对该法进行修订，农户土地规模可以超过3公顷，前提是只能使用本家庭的劳动力，立足饲料，服务畜牧。二十世纪六七十年代，日本政府农地改革的重点由所有制转向使用制度，在农地小规模家庭占有的基础上发展协作企业，扩大经营规模，鼓励农地所有权和使用权的分离。日本家庭农场虽然规模不大，但精细耕作，实行技术密集型的现代农业，强调在有限的土地生产优质高产的农产品。推动日本小规模家庭农场长期生存发展的重要因素，是日本现代农业选择了以生物技术为主、小型机械化精耕细作的发展道路。日本从20世纪80年代开始建立无土栽培示范农场等多个试验示范农场，普及农业高新技术，以“有机农业”“绿色农业”等现代高新技术农业模式来缓解人地矛盾。此外，还建立了筑波科学城农村科技开发区，带动周边600多个农业改良普及所和农业技术示范区，被称为农业技术的“硅谷”。另外，日本农民合作组织的作用也不容忽视。农协的业务包括农产品销售、生产资料采购、金融服务、保险服务及农业管理等，并且指导农户进行专业化集约经营和生产。

日本政府将农林水产领域的扩大出口视作经济复兴战略的三大支柱战略之一，认为日本不仅通过国内市场，还将通过国际市场来促进日本农林水产业的发展。尤其需要指出的是，日本也好，海外也罢，总有人谈论日本的粮食自给率只有40%的话题。殊不知有些日本人是为了强调农业保护政策持续确有必要才故意渲染的，实际上日本的大米自给率为100%，蔬菜自给率也能达到80%。日本首相安倍提出，作为促进经济复苏的发展战略的一环，将进一步强化农业产品出口，使农林水产品食品的出口额较之前增加1倍，达到1万亿日元。随着世界农林水产品需求的增加，日本旨在转换农业政策，改变以国内市场为中心的农业政策，逐渐提高海外市场的比重，培育农业成为贸易立国的支柱产业之一。扩大农林水产品食品出口，强化日本高级食品材料对中国、印度等亚洲国家的出口；强化日本国内对各农户“走出去”（即海外销售）的支援；强化在海外市场的日本农林水产品食品的广告宣传，开设越来越多的日本料理店等。

5.3.2 中国台湾地区的生态农庄

中国台湾地区除了有现代型的家庭农场外，还有传统与现代结合的家庭生态农业。他们的生态农庄有以下鲜明特点：

第一，注重生态，着眼长远。台湾有不少生态农庄建设时的最初目的，是在乡村为自己营造一个能够亲近自然、亲近田野、远离俗世烦扰、远离现代都市生活的宁静港湾，因此农庄建设不是将经济效益放在第一位，而是将环境的保护与改善、生态功能的恢复放在第一位。在种植或养殖生产过程中，他们基本不施化肥，不打农药，有的甚至连农家肥也不使用。提高产量的主要措施就是靠逐年恢复、改善、培肥地力。其目的一是确保所处生态环境不受外来化学污染；二是确保自己的产品原汁原味、营养、安全、健康。这种农庄经营模式和经营理念使这样的生态农庄极具生命力。

第二，融入自我，特色鲜明。由于建设的初衷是营造自己理想中的环境与生活，因此台湾的生态农庄，很多在建设与经营过程中都明显融入了自己的思想、创意与追求，具有鲜明的个性特征，给人以深刻的印象。例如，位于台湾宜兰大同乡的“不老部落”，由重回故土的7户“泰雅族原住民”创建。该农庄的最大特色就是师法自然、回归自然。庄园的房屋都是用木头、茅草等自然材料搭建的，与当地环境和谐地融为一体。住在庄园的人们坚持沿袭人与自然的古老法则耕种、纺织、狩猎，依自然农法种植作物、照顾动物，依从大自然的秩序自给自足。庄园提供的食材都是完全不施化肥、不喷农药的有机食材，很多采摘后不用清洗就可直接食用，非常新鲜、地道，且每一道菜肴的制作独具匠心，极为精致、时尚，富有特色。经过多年经营，目前“不老部落”是“台湾原住民”对外观光发展中最受好评的农庄之一，吸引了世界众多游客关注。

第三，因地制宜，不断创新。台湾的生态农庄，在建设过程中汲取了不少老子的道家思想，特别注意发现、挖掘当地特色资源和本土历史文化，讲究因地制宜、顺其自然、师法自然、道法自然，而不是墨守成规、复制照搬，更不是依靠人力或者机械的力量去改造自然。根据当地的生态环境、自然禀赋，实行建设方案，有的地方种花，有的地方种草，有的地方搞生态养殖，有的地方加强生态保护，将来供游人参观，在建设上尽量做到就地取材、科学利用、点石成金，用最小的代价发掘、彰显出当地的个性与特色。

充分发挥大脑的思维与想象力，注重创意与创新，也是台湾生态农庄一大特色。例如，位于台湾新竹关西的金勇 DIY 休闲农场，坚持每年都从国外引进十余种最新的番茄、彩色甜椒、水果玉米等特色蔬菜。目前大小形状不一、色彩缤纷艳丽的番茄就种植有数十种之多，在这里游客可以购买到“联合国番茄礼盒”，每盒内有 26 个不同品种、16 种不同颜色的番茄，一次就可观赏、品尝到来自世界各地的番茄，创意无限、创新不断，台湾农庄赚钱是靠头脑、靠创意、靠创新。正因如此，台湾的生态农庄各具特色，而且常去常新。

第四，做精做透，以质取胜。台湾的生态农庄多以“小而精”取胜。他们不刻意追求农庄的面积、规模，不一定非要种植很多作物，获得多高产量，生产多大批量，但非常注重精细管理、精深加工、融入创意、提升品质。有的产品甚至限量供应，量少质精，坚持以质取胜，以特色取胜。台湾的生态农庄通过深挖特色、扬长避短，有效地避开竞争；通过做精做透、提质增效，实现资源节约、持续发展。这种发展方式，非常值得与台湾情况类似的山区参考和借鉴。

第五，注重口碑，就地销售。台湾的生态农庄规模不大，因此非常注重产品的“口碑”而不是“品牌”。他们认为，“口碑”比“品牌”更重要，因此他们宁可将更多的精力放在保证产品质量和顾客满意度上。为保证产品安全营养，他们严格控制化肥、农药、除草剂的使用，宁可增加投入、牺牲产量，也要保证产品质量。为了让游客品尝到口感最佳的产品，台湾很多生态农庄免费对游客开放，目的是吸引游客自己到农庄购买最新鲜、成熟度最适宜的农产品。金杯、银杯不如百姓的“口碑”，“口碑”不好会毁掉多年积累起来的“品牌”。

第六，强调参与，寓教于乐。台湾的生态农庄不仅设法吸引游客前往观赏、购买产品、享受服务，更注重游客的参与和互动。很多农庄都设有采果区、烤肉区、游戏区、垂钓区、农耕体验区、手工制作区等。游客在农庄服务人员的指导下，可以自己动手享受耕种、管理、采摘、喂养、加工的乐趣，品尝到亲手烤制的地瓜、土鸡等，或者利用农庄提供的材料加工制作各种特色产品。有的农庄还经常举办与农业有关的知识讲座、趣味比赛。许多学校将这些农庄作为户外教学场所，还有不少家庭周末专门到农庄度假。人们在这里不仅可以避开城市的喧嚣，充分地放松身心、亲近自然，尽情地游玩、休闲、娱乐，还可学到不少在城市里和课堂上学不到的知识。

5.4 世界家庭农场化的启示

通过了解欧美国家农业家庭农场化的发展，我们可以从中获得许多有益的启示，值得我们在现代农业的发展进程中借鉴。尽管政治制度、社会意识形态和历史发展背景不同，甚至自然地理环境和人口等国情不同，许多方面不存在可比性（比如中国人多地少，而欧美各国大都是人少地多，这些基础条件不同，就难有可比性），但是在东亚国家和地区也有类似人多地少的情况，同样可以发展以家庭农场为经营主体的现代农业。这就告诉我们，人地矛盾解决固然是发展家庭农场的一个基础条件，但绝不是唯一条件，农地产权制度的设计与政府的政策安排才是最重要的条件。其中，土地产权制度的高度明晰、社会保障的全民覆盖以及农业补贴政策，是构成以家庭农场为主体的现代农业发展的决定性因素。

5.4.1 产权明晰是决定因素，是培育市场竞争主体的基础

按土地所有者身份类别划分，美国70%的农地属于个人或家庭所有，14%为合伙所有，10%为家族企业所有，非家族所有的企业拥有的农地数量大约占美国农地面积总量的3%，其他占3%。也就是说，农业用地主要由个人或家庭占有（Foster，2006），相应地，美国的农场经营者也以个人或家庭为主。根据2007年USDA所做的农业普查结果显示，2007年美国大约有220万个农场。其中，由个人或家庭经营的农场占农场总数的86.5%，由家族企业经营的农场仅占农场总数的3.9%，合伙制经营的农场占7.9%，非家族企业经营的占0.5%，其他占1.2%。在美国的农地中，绝大多数耕地的所有权是私人所有的，其所对应的使用权和转让权也是私人所有的。草地和林地私人所有的比重较低，其他都归联邦政府或地方政府所有，但是在具体经营时，

会将使用权以租赁的形式转移到私人手中。美国独立以前，英国等西欧国家迅速兴起的现代工业在美国基本上是空白，美国殖民地主要是为宗主国提供棉花、烟草等农产品。建国初期，国务卿托马斯·杰弗逊（Thomas Jefferson）就主张美国应发展小农经济。而发展农业经济，当时美国除了丰富的土地资源外几乎一无所有。为了取得建设新国家所需要的资金，政府除了征收关税以外，只能指望出售公有土地。这些约束条件促使美国政府从建国初期到 20 世纪 30 年代，将大量公有产权变成农民的私有产权。政府主要通过赠送、出售等措施处理公地，促进土地资源的开发利用。《1785 年土地法令》和《1787 年西北土地法令》规定政府以较低价格出售公地。公地购买可以用现金支付，也可挂欠，在一定时间内交清，所购买的土地可以继承和转让。在 1862 年以前，美国主要是以拍卖的形式低价出售公有土地。1862 年《宅地法》通过后，土地分配的重点转向免费赠送方面。例如，《宅地法》规定凡没有持械反抗过合众国的美国公民，每户缴纳 10 美元登记费即可申请取得 160 英亩的西部公地，连续耕作 5 年后，可免费获得土地的所有权。

德国在 20 世纪 90 年代初东西德合并后，抓住了产权制度改革这个核心问题，着手对原东德的国有和集体所有的农地进行私有化改革，为原东德地区的家庭农场经济发展奠定了制度基础，农业改革取得了较好的成效。

日本现代的农村土地产权制度主要由所有权与使用权构成。所有权的产权主体主要有三种，即国家、公共团体法人和个人。国家和公共团体法人所有的土地多为不能用于农业和建筑业的林地、原野、河川、海滨等，占农村土地主体部分的农地及宅基地属于私人所有。日本《民法》规定，土地所有权是对土地直接的、全面的支配性权利，是一种重要的物权。私有土地可以自由买卖、交换、租佃，但必须到法务省的不动产登记所登记，否则得不到法律的承认和保护。1970 年《农地法》第二次修改促进了农地使用权转移适应农地集中规模经营的需要。1970 年 5 月通过的修改后的《农地法》取消了对取得农地上限的限制，废除了对地租最高额的规定，使农地的租赁、借贷在法律上获得承认，从而为大规模农地的形成提供了法律依据。1970 年至今，日本农地制度和法律一直是以农地集中和规模扩大为中心而展开的，但这一政策目标的实现进展十分缓慢。1960年全国有耕地面积607.1万公顷，1970年减少到579.6万公顷，1992年只有494.9万公顷，32年间共减少了112.2万公顷，即减少了18%。另外也创造了大量的非农就业机会，农民兼业化现象十分普遍，甚至兼业收入占农民收入的50%以上。在此背景下，农业生产者高龄化、农业劳动力短缺、农地抛荒现象严重。《农地法》的修改与完善，使农地法律和政策的重点发生了变化，突破了土地占有和使用方面的限额，以土地使用权转移为中心内容，鼓励土地的租借和流转，大大地促进了土地向真正愿意从事农业生产且有能力的农民手中集中，扩大农户经营规模。改善农地的规模结构和经营结构，切实地提高农地的使用效率。

目前，我国农场的改革，也应按照经营市场化的要求加快产权制度的改革。在土地属国家所有不变的情况下，农场可以通过租赁、入股等方式经营土地，将农场改变为股份公司、合作社或私人家庭农场等企业形式，使之真正成为自主经营、自负盈亏、利益和风险自担的各种形式的市场竞争的主体。《农村土地承包法》充分保护了农民的权益，但是它有一个漏洞经常被钻空子：它规定农村土地30年内不得调整。一方面，使用权时限太短；另一方面，调整变化又很频繁，农民不敢在土地上进行长期的投入。现在我国的法律已经赋予农民对土地的使用权、占有权、部分转让权、排他权等。在西方，所有权其实是一个综合概念，它是由这些具体的权利构成的。现在我国其实已经把其中很多权利抽出来赋予农民了，只不过有个时间限度，可以看成一个以30年为期的使用权。欧美国家土地私有化可以使农民的土地所有权稳定下来，这是最关键的目标，我国在土地个人所有制方面也可以达到类似效果。只要产权主体明晰，农民之间自愿的土地流转就有了保障，农村土地适当地集中在种田能手手中会带来很多好处。

私有财产不可侵犯已经写入宪法，通过剥夺农民权利让一部分先富起来的人受益，这在任何国家都是不合理的。所以要稳定农民的财产权，要让农民成为土地真正的主人。

如果土地产权明晰稳定，农民会增加投入从而增收。另外一层意义是，农村土地产权稳定后，土地的价值也就显现出来了。有学者认为，印度尼西亚人均GDP与中国差不多，同样是人多地少的国情，印度尼西亚有土地市场，以其2000年的农业土地价值套算同期中国用于农业的土地，大概中国一亩纯粹用于农业的土地市场价值是5 000元。如果能让农民真正拥有土地，那么这个土地就有了价值，而且能成为农民财富的一部分。这个道理就像比尔·盖茨的财富一样，他的年薪并不高，为什么他是世界首富？因为他有大量的股票，只不过没有变现，农民的土地也是没有变现的财富。只要农地产权明晰稳定，土地的市值就存在。

5.4.2 配套完善的社会保障体系

英国是世界上第一个工业化国家，也是世界上最早建立社会保障制度的国家之一。1601年《济贫法》的颁布标志着英国开始建立社会保障制度，而1942年的《贝弗里奇报告》则为英国福利型社会保障制度的建立奠定了思想基础。《贝弗里奇报告》指出，贫困、疾病、无知、肮脏和懒散是影响英国社会进步、经济发展和人民生活的五大障碍，国家要采取措施解决上述问题。针对“二战”后的退伍士兵，贝弗里奇提出要保证他们回国后有工作，并享受到医疗和基本的社会福利保障。在贝弗里奇思想的指导下，英国相继颁布了《国民保险法》《国民卫生保健服务法》《家庭补助法》《国民救济法》等一系列法律，并于1965年和1975年对《国民保险法》进行了补充与修订，最终形成“从摇篮到坟墓”的福利型社会保障制度。英国社会保障制度不但规模大，而且结构庞杂，覆盖了所有人群。从社会保障体系的构架而言，其包括三大系统：其一，养老保险系统，是英国现行社会保障制度的主体部分。养老保险资金来源于两部分：一是由雇员、雇主共同缴纳的国民保险税，① 二是通过一般税收收入安排的财政补贴。目前，英国每年的养老保险支出约占整个社会保障支出的41%，其中财政补贴占养老保险支出总额的11.5%。其二，社会救助系统，直接取代了原来的《济贫法》的济贫职能，构成其现代社会保障制度的重要组成部分。受益人无须缴纳费用，但是受益数额也不高，主要用来解决低收入居民的生活困难。受益人必须经过严格的审查才能领取救济金。除此之外，英国还设立了许多专项津贴，包括儿童津贴、住房津贴等项目，各阶层居民均可享受专项津贴。其三，社会服务系统，

① 赵冈编著：《农业经济史论集：产权、人口与农业生产》，北京：中国农业出版社2001年版，第209－212页。

指政府有关部门和社会志愿者对具有特殊困难的居民提供的各种福利设施和各类服务。这类人群包括被抛弃的儿童、老人、精神失常者等有特殊需要的人，通过为他们提供社区服务等，使其能得到社会福利的关心，解决其基本生存问题。

与社会保障的三大系统相对应，英国社会保障支出按享受人群的不同可分为7类，包括儿童家庭支出、失业保障支出、低收入人员支出、老年人支出、病残人支出、丧失亲人支出、其他支出。在7类社会保障支出中，老年人支出、低收入人员支出、儿童家庭支出和病残人支出占社会保障支出的比例分别为41.64%、22.08%、18.11%、15.17%，共计占社会保障支出的97%。由此可以看出，英国社会保障的对象主要是老人、穷人、儿童和病残人群。21世纪前十年，英国社会保障支出年均增长6.6%。2009—2010财政年度，英国政府财政总支出6 207亿英镑（以下简称镑），其中社会保障支出1 883.66亿镑（不含卫生支出），平均每个国民约3 139镑。社会保障支出是英国政府财政支出中的最大项目，占支出总额的30.3%，占GDP的比重则为13.74%。从中央和地方来看，中央财政占大头，社会保险、大部分社会救助所需资金均由中央财政承担；地方财政仅承担少数社会救助项目，如房屋和市政税补贴等。

社会保障体系的建立和完善，对中国农村和国营农场的改革同样重要，是农村和农垦改革的重要支撑，每项改革都将涉及利益格局的调整，都将涉及某一部分人的既得利益。例如，建立社会保障体系意味着对那一部分利用公共资源先富起来的富豪们，以及超高收入的特殊群体增交高额累进的个人所得税。如果没有这部分人交税，仅仅依赖中低收入群体交税，社会保障很难适应和支撑起来，而农村和农场改革，产权的土地流转和规模经营，势必会影响农村和农场垦区的稳定，甚至会导致改革工作半途而废。按照我国保障体系的设计，农村、农场职工都应该被纳入当地的养老保险、医疗保险、失业保险、生育保险和工伤保险中来，使每一个从业人员都能享受到充分的社会保障。这样当他退休后可以领取养老金，患病时可以得到妥善的医疗，失业后可以领取失业金直至再就业，当家庭生活低于最低生活保障线时可以得到民政部门的资助，领取社会救济金。家庭农场倒闭或经营不下去而转让了，家庭农场主及其家庭成员可以领取失业后维持基本生活的保障金，直至再就业。这就从根本上解决了城乡居民职工和家庭农业场主及其家庭成员的后顾之忧，从而消除改革阻力，推动改革健康稳定地开展。

5.4.3 完善的农业补贴政策

农业补贴是政府支持农业的政策工具。除了对农产品的生产和出口的直接补贴外，还包括在农业投资、贷款、债务、保险、就业等方面提供间接的财政与政策支持。

农业补贴政策是欧美现代农业国家扶持和保护家庭农场持续稳定向前发展的政策。现代家庭农场的持续稳定发展，离不开政府对农业补贴政策成功的运用。

那么，发达国家的农业政策是怎样的？我们知道现代化国家在工业革命之前，家庭农场并不是主导的经营主体，这些国家是80%以上的国民挤在土地上自给自产的小农经济国家，农业产品很少有剩余，所以农业商品化程度是很低的。这里部分原因是政府压价收购农产品；此外，农民不被允许自由买卖农产品，其剩余产品因被压价收购而亏本。而更重要的原因是没有外部产业的崛起带动，农村劳动力人口无法转移，使农业发展规模受限。

农业是刚性增长的产业，按照世界发达国家发展现代农业的发展经验，当开展工业革命后，对农业无不采取补贴措施以扶持其发展。农业相对工业和服务业，劳动生产率较低，只相当于工业的1/8和服务业的1/4。由于劳动生产率低、受自然条件的制约较大，以及市场变化的影响，农业生产存在极大的风险。世界各国扶持农业发展都是实行价格补贴政策。一方面，对本国的农产品进行高额的补贴，以提高农场主的生产积极性和满足本国农业参与全球农业市场激烈竞争的需要；另一方面，发达国家以自由公平竞争为由，反对别国对农产品进行补贴，而这些国家从来就没有停止对农产品的补贴。由此可见，补贴是现代农业必不可少的扶持、竞争和促销手段。

经过工业革命之后，资本主义自由发展时期的市场经济代替了封建政府的贡品农业经济。农业的产品由政府订购并交售给政府的单向选择变成自由的双向选择，农民种田不仅可以收回成本，还有利可图，从而刺激农民种田的积极性。有了自由市场选择和决定价格这一条，那么农户就有扩大种植规模的愿望，工业化正好实现了农户这一要求。因为大量农村劳动力人口向城镇的终身转移，使土地集中成为可能，而规模生产可带来农业的积累，用于再投入以改善农业生产条件，如采用机械化生产提高劳动生产率，降低生产成本，增加利润。因此，政府不过度干涉自由市场的价格，是对农业产业的最大的保护。显然发达国家的这种保护政策仍然盛行，与发展中国家的保护政策是大相径庭的。后者的保护政策是把农户自由剥夺之后，在必要时松一下，整体还控制着，并不能促进农业生产。而前者的保护政策，是尊重农户在市场经济中的自由竞争与发展，农业一开始就具有全方位的整体的自由度，这使农业生产得以迅速发展，扩大规模，提高劳动生产率，农业商品直接进入国内、国际市场。

政府补贴是美国支持家庭农场最主要的政策工具。对于大多数经营亏损的小型农场，政府补贴是维持生存的基础。政府对不同规模的农场实行差别化补贴，主要有农产品相关补贴和土地保育补贴两类。政府提供农产品相关补贴的目的是保持农产品价格稳定和农民收入增长。这类补贴只针对特定农产品，主要包括食用谷物、玉米及油料作物等。补贴额与被补贴农作物的耕地面积和产量相关。土地保育补贴旨在将那些对环境敏感的农地从生产中转移出来，进行休耕，实现农地的永续利用，以及解决环境污染问题，如农药污染、土地养分流失等。美国的土地休耕计划是最大的土地保育计划，占所有保育补贴的74%。从补贴构成来看，美国农产品相关补贴总额大于土地保育补贴总额，前者占政府对农民所有补贴的75%。据最新数据，约39%的农场接受了政府补贴。但是，政府补贴对不同类型的农场存在很大差异。中型、大型和超大型农场比小型农场更可能得到政府的农产品相关补贴，约75%的中型和大型农场接受了农产品相关补贴，其中超大型农场接受了农产品补贴的45%。小型农场持有耕地占美国耕地的63%，占土地保育计划实施的76%，是土地保育补贴的主要受益者。

欧盟国家在采取一些措施减少自身过剩农产品的同时，还通过关税和补贴等经济手段对本国农产品进行保护：当其进口的农产品价格低于欧盟内部市场价格时，对进口的农产品征收差价关税，使进口的农产品价格高于欧盟市场的价格水平，从而失去市场竞争力；当本国出口的农产品价格高于世界市场农产品的价格时，则对其出口的农产品进行补贴，使出口的农产品价格低于世界市场价格，增强其产品在世界市场上的竞争力。到2001年，德国政府补贴给农业保险事业的经费高达76亿欧元，其中70%用于农场主的养老保险补贴。再如，对农业改革后出现的失业人员，规定前两年由政府保证发给工资，到第三年仍失业者可以领取失业救济金，到第四年还失业的可以领取社会救济金至再就业。据了解，德国政府每年大约要为德东地区农业提供60亿欧元的财政和贷款支持，主要用于农场主维护农田、种草种树、避免土地荒芜、购买牲畜、建设棚圈、改造危房、社区修路、基础设施建设、失业者自办小企业、搞园林园艺和瓜菜经营等方面的投资资助和老年职工的退休补贴。

5.4.4 美国对家庭农场直接补贴的案例

农业在美国的贸易政策中具有特殊地位。通过农业补贴，美国不仅促进了家庭农场经济发展，还提高了农业在全球市场上的竞争力，使美国成为世界最大的农产品出口国。因此，农业补贴不仅是美国贸易政策中最为敏感的一部分，也是美国产业政策中最具有贸易保护主义色彩的一部分。

美国的农业补贴政策由来已久，可以追溯到1930年的大危机时代。从那时开始，美国农场主就对政府的直接补贴习以为常，并自那时起产生了巨大的经济依赖。在美国农场主看来，农业收入本身就包含两个部分：一部分是来自农产品销售的收入，另一部分是来自政府的直接补贴。1996年，克林顿政府签署了《1996年联邦农业促进与改革法案》（1996 Federal Agriculture Improvement and Reform Act，FAIR Act），又称农业自由化法案（Freedom to Farm Act），旨在从1996年到2002年逐渐降低政府补贴，推动农业走向市场。然而，1998年开始农产品价格下跌，促使美国国会实施常规的紧急法案再次实施补贴，结果是，此间对农业的补贴不但没有减少，反而增加了。法案本身预算的补贴总额为470亿美元，据预计，如果包括2002年的预算，七年间美国对农业的补贴将达到1 180亿美元。因此，实际上，农业自由法案的实施非但没有降低补贴，反而成了一个扩大补贴的计划。[1] 随后，

---

① CHRIS E & TAD D. “Farm subsidies at record levels as congress considers new farm bill”. CATO briefing papers，October18，2001. available at：http：//www. cato. org/pubs/brifs/bp70. pdf.

美国国会参议院、众议院于2002年5月先后通过了《2002年农场安全与农村投资法》(Farm Security and Rural Investment Act of 2002),由布什总统于5月13日签署生效。这一法案彻底推翻了《1996联邦农业促进与改革法案》关于停止农业补贴的规定,联邦预计将在10年内安排约1 900亿美元用于农业直接补贴,而且一改历史上采用的按合同补贴的灵活方式为年度直接补贴。

长期以来,美国的大型和特大型农场是农业补贴政策的最大受益者,也是关于农业补贴政策弊端争论的焦点问题之一。按照规定,年销售额在50万美元以上的农场属于特大型农场,年销售额介于25万到50万美元的农场属于大型农场,而低于25万美元的农场则属于小型农场。美国大型农场对农业的贡献最大。统计表明,大型和特大型农场占美国家庭农场总数的9%,但销售量却占农业销售总量的63%。农业总产量的其余部分则来自非家庭农场(21%)和小农场(15%)。① 可见美国致力于扶持家庭农场向集中化、规模化的方向发展。

然而,值得注意的是,尽管农业补贴政策向大型家庭农场倾斜,但小型农场也同样受益,如在税收方面享受着政府的支持。按规定,年销售额在10万美元以下的农场属于资源有限型农场,经营者可免交所得税。据估计,美国每年有1/4的农场主由于其农场为资源有限型农场而免交所得税。2008年金融危机发生后,奥巴马政府为缓解财政持续紧张的状况,决定削减农业补贴,比较富裕的农场主得到的农业补贴逐步减少。根据美国农业部公布的统计数据,美国联邦政府2010年的农业补贴等各项开支为270亿美元,2011年为233亿美元,2012年的财政预算则为238亿美元。2012年2月13日,美国白宫向国会提交了2013年的政府预算报告,提议将美国农业部2013财年预算中的农业补贴和其他支出削减数十亿美元。在报告中,奥巴马政府提议,将农业部预算规模削减至230亿美元。削减措施包括完全取消备受争议的直接支付补贴计划、降低作物保险补贴及费用很高的土地保护计划等。②

尽管奥巴马总统宣布未来十年将农业补贴削减330亿美元,并最

① "Family farms overview". available at: http://budget.house.gov/UploadedFiles/Pathtoprosperity2013.pdf.

② PAUL R. "The path to prosperity: a blueprint for American renewal". available at: http://budget.house.gov/UploadedFiles/Pathtoprosperity2013.pdf.

终取消对农业的直接补贴，但实际情况可能会恰恰相反：美国政府未来对农业的补贴政策很可能会延续下去。原因是多方面的，但最主要的原因是美国农业利益集团在美国农业政策的制定上具有主导作用，在国会政治中的影响力很大。因此，取消农业补贴政策难以成为现实的政策选择。下图显示了2000—2010年美国农业直接补贴的情况。

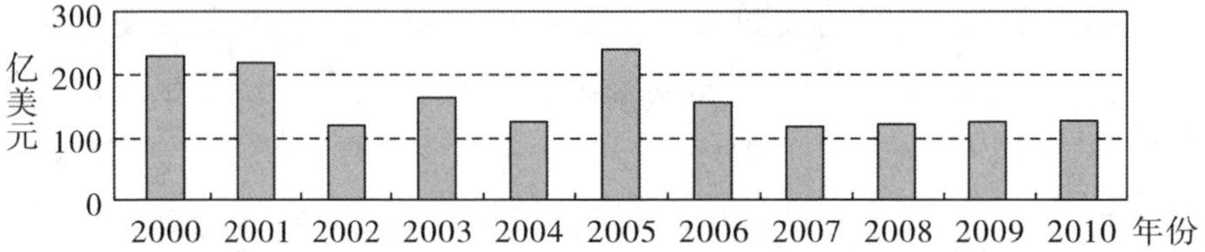

2000—2010年美国农业直接补贴额

资料来源：美国农业部数据库，参见 http：//www. ers. usda. gov/data。

总之，农业补贴成为美国发展以家庭农场为主体的现代农业的最重要的政策工具之一，使美国成为世界最大的农产品出口国。美国在国际市场上，一直要求别人取消农业补贴，而他们的农业补贴从来就没有停止过，一项补贴取消了，就会有另一个名目的补贴替代。例如，1996年国会设立的农业直接补贴项目曾屡遭废除，但实际结局是，补贴不仅没有废除，还在几年后演变为永久性的补贴。正如《纽约时报》所言，尽管美国农业是一个非常健康的产业，但有史以来，美国农业总是被"危机感"笼罩，这也使得这一产业在国会立法中具有特殊地位。此外，美国政府还在农业生产要素上直接补贴，比如，政府投资兴建水利灌溉设施、土地修造建设、农业灌溉用水的免费或低价使用等。不难看出，美国是世界上对农业保护和支持体系最为完善的国家，犹如庞大复杂的国内法律体系，美国的农业补贴政策和措施也十分严密。尽管农业补贴在美国国内也引起了争议，但是此政策方向还没有任何逆转的迹象。事实上，在一些发展中国家，特别是那些农业人口占绝大比重的国家，农业补贴是逆向的，即农业补贴了其他产业；而在美国却恰恰相反，其他产业反补了农业。这是当前农业贸易自由化改革中最值得深思的一个问题，也是值得中国以家庭农场为主体的现代农业发展思考与借鉴的问题。

6 走出共耕制与均田制循环的误区

通过对我国农业制度的纵向了解，可以窥见中国历史上农业生产的产权制度是共耕制和均田制封闭循环。共耕制不能解决效率问题，而均田制不能解决规模问题，两者最终都不能走上效率与规模相结合的现代农业之路。共耕制与均田制都是一种落后的产权制度安排，只有通过农产权制度创新、实行家庭农场制，才能发展现代农业。

6.1 历史上的共耕制与均田制的循环

集体共耕制是最古老的制度之一。在原始部落末期，人类掌握了种养技术之后，就开始了集体共耕。之前是集体共猎制，共猎制是原始社会所有制，是一种原始公有制形式。在生产力落后的原始社会，单个成员难以生存，必须共同打猎才能维持生计。所以，共猎制是原始社会的所有制特征。

到了原始社会末期，随着生产力的发展，种植农业和养殖农业出现，生产有了剩余，就出现了社会分工，出现了管理和统治阶级——奴隶主。原始社会解体，进入了奴隶社会，这些都需要保持集体共同劳动的形式，共耕制是对共猎制的历史继承与延续。进入奴隶社会之后，奴隶主统治者成为国家的“主人”，不但整个国家甚至每个奴隶的人身都是奴隶主的，土地当然也不例外。奴隶主占有土地，自己不耕种，而是由奴隶耕作。一开始奴隶主实行的奴隶集体共耕，即没有任何报酬，奴隶主只给饭吃，以维持奴隶的生命形式的存在和劳动力再生产；由于繁重的劳役和饥饿，在奴隶的反抗下，奴隶主调整均田制，实行集体共耕与个体私耕分离，对参加集体共耕公田的奴隶分一小块田作为耕公田的报酬，这就是劳役地租制。这样一来，奴隶们耕公田无精打采，老是提不起劲，出现耕公田不出力的偷懒现象；而耕私田时精力十足，积极性很高。奴隶主发现这种情况后，于是把公田分包到奴隶。地主坐收高额地租，从而使集体共耕制解体，同时也预示奴隶制的衰落，一个新的社会形态——封建社会诞生了。在实行分包经营后，农奴们由群体性的共耕分散到租包田地耕作。在均租制中，农民有一定的自由，不像集体共耕那样，一举一动都在奴隶主看管人的监视之下，播种收割又不必奴隶主去查看。然而，随着集体共耕制的解除，奴隶主失去了对奴隶人身的控制，奴隶不再是“会说话的工具”，而是有一定的自由意志和行为的人，即平民。

平民在封建社会里是自由人。但由于户口制对身份的控制和禁锢，农民只有租种和不租种的自由，没有离土离乡的自由及进城经商的自由。所以，封建社会地主阶级仍然通过土地与户口控制和禁锢农民的自由。这样奴隶解放了，作为平民的农民又陷入了封建地主新的人身依附关系。这种人身依附比奴隶主对奴隶的人身所有和占有前进了一步。这种人身依附是为了维持均田分租的小农经济的需要，有了户口控制和禁锢，把一家一户固着在土地上，不能流动，不能经商，只能以农养家糊口，而封建统治者也便于收租和稳定统治。如果没有户口制，农民可以进城经商做买卖，有其他的活路可走，也就不会安心种地，受高额地租的盘剥并世世代代扎根土地。因此，漫长的封建社会实行均田制，陷入由均田到地主土豪的集中——均田分租之间的循环往复。每当均田之后，过了一定历史期限又会陷入新一轮土地集中，政府又要限制并没收地主、官僚和土豪的一部分土地，用于满足农民对土地的诉求，以稳定社会。封建王朝政府限制土地集中实行均田制，按男女老少的人头区别均田分到户。由于封建是官本位，官员的俸禄通过土地分配来体现级别。旧官吏退休不退田，并成为世袭地主及土豪，新官不断增加就不断要求分配土地。这样农民的均田户在高额地租的盘剥下，很容易因交不起租而被没收土地，或被地主集中兼并，农民的土地总是得而复失。所以，历史上的土地制度经历了集体共耕到均田分耕这样的过程。在封建社会里，不管统治者怎样“爱民”“体恤民情”，给农民均田分租，始终逃不出这均田分租—土地集中—均田分包循环的历史怪圈。

如何建立一种公平的土地制度，西方先进国家的先哲们曾做过积极的探索。从英国的欧文到法国的圣西门、傅立叶，他们曾经设计了种种方案。最有影响力的是共产主义公社制取消商品货币和市场，他们不但提出理论，而且欧文还身体力行创办了“欧文公社”。但西方先哲们的理论和实践都脱离了社会生产力的现实，陷入了空想社会主义和空想共产主义，遭遇无情的失败。

中国建立社会主义制度，实行集体共耕制的经营体制并把它作为解救贫苦人民的济世良方。然而，在漫长的原始社会和奴隶社会集体共耕制都存在一个共同的缺陷——没有效率。历史有惊人的相似之处。社会主义集体共耕制也存在着偷懒、磨洋工、搭便车等问题，这些问题不像传统说教所说的那样是由人的觉悟程度没有提高、思想工作没有做好等所致，而是一种失效的产权制度的设计与安排。原始社会、奴隶社会的集体共耕制存在这些缺陷，在千年之后的社会形态都曾经存在过。因此，共耕制不姓“社”，共耕制只不过是被社会主义曾经尝试和运用，是共耕制在新的历史条件下的再一次尝试而已。共耕制并非如人们所想象和期望的那样，在社会主义社会实施就会有无比的热情和很高的效率。

集体共耕制与均田制都是一种落后的产权制度安排。从以上历史和现实材料的分析来看，集体共耕制和均田制都是一种不合时宜的落后的产权制度安排。它们的表现形式和局限性不同，但结果是一样的，它们的存在都只能强化传统农业，而无益于现代化农业的发展。共耕制与均田制循环往复的轮回，不过是简单封闭的拉锯式来回，不过是对实现现代化农业的误解而已。

6.2 传统农业的消极效应

改革开放以来，人民公社解体，实行家庭承包制，原来的人民公社土地的三级所有制改为镇村委和村民小组共同所有制。使用权分包到村民家庭，经营方式实际上恢复了小农制。从一开始部分地区承包到全国都承包之后，1984 年的生产效率达到历史高峰，接下来就一直徘徊不前了。而随着城市经济体制的改革，城市收入快速而持续地高于农村收入，城乡收入日益拉开距离。

究其原因，小农制使城乡二元经济日益拉大。尽管中国政府实行了许多有助于提高农民收入的措施，如提高农产品价格以减轻农民负担，防止农业生产资料涨价，全党大办农业，各行各业支援农业，兴修水利，改善农业生产设施等，但这一切努力都是治表不治根，无法从根本上解决问题。其结果是城乡差别仍然在拉大，农民收入减少的趋势不但没有停止，反而进一步加剧。与城市收入的差距日益拉大，二律背反的规律仍然在强烈地起作用。小农经济的劣根性不但没有改变，反而日益强烈地表现着。这说明农业问题固然与价格、负担等因素有关，但根本原因并不是这些问题，而是农村人口比重高。随着人口的增加，小农制的均田户经营规模越来越小，在 1980 年搞家庭承包制时，农村人口 8 亿，农村人均有地达 1.9 亩；进入 20 世纪 90 年代后，农村人口增至 10 亿，农村人均有地降至 1.6 亩；2000 年农村人口 11 亿，农村人均有地 1.4 亩；预计到 2025 年农村人口 10 亿，农村人均有地 1.4 亩；到 2050 年农村人口 11 亿，考虑到耕地递减的因素，届时农村人均有地 1.2 亩。如果排除乡镇企业造成的生态破坏等因素，还不能达到这个数。届时中国的小农制的均田户生产规模更小，农业商品率不但不可能提高，反而不断下降，甚至降到不够自给。政府要想加重小农户的租税来解决城市的农产品供应问题已不大可能，因为那时人均只有一亩几分土地，已不能维持农民的自给生活。国家政府和城镇居民的农产品供应只有通过两个渠道：一是国有农场提供；二是通过挖农矿产品出口创汇，然后进口粮食来满足国内的需求。然而，这样做也不容易，国有农场的机制不灵，生产效率低下，供给率也是极有限的。建立真正的市场经济后，商品经济渗透一切领域，国有农场也不例外，农场职工也有自身利益，农产品生产出售必须取得利润，否则他们就不干，因为无法生存。然而农产品价格一涨，政府公务员、市民又要增加工资和补贴。为了购买农产品无非采取两个办法：一是对农产品进行压价征购，二是通过滥印货币发行，这样也会造成通货膨胀，付出巨大的社会经济和政治上的代价。利用挖农矿产品出口创汇也有困扰，我国的资源本来就少得可怜，经过几十年的乱挖滥掘，资源存量已不多，生态破坏也极其严重，已造成水土流失、土地沙化、地力下降等问题，生态破坏未能修复，现在又继续火上浇油，必将进一步摧残我国的生态资源，加速资源的枯竭。这种现象绝不是危言耸听，而是现在就已经出现了，因这几十年破坏造成的后遗症还将在今后长时期存在。

由于以上两个原因，企图在维持小农制的基础上对小农制内部结构进行修修补补的改革无法从根本上解决中国的农业问题。只要小农制不解体，农村人口的城市化改造问题不解决，以城市化为标志的现代化人口的低增长和零增长就无法实现，而且随着时间的推移会愈来愈难解决。

实行适度规模的家庭农场化经营，有助于缩小和消除城乡差别。作为一个先进发达的文明国家，其首要标志之一是城乡一体化，甚至是农村人均收入高于城市。城市人所拥有的一切，如小汽车、电脑和别墅式住宅等，农村人均享有。农村人口观念已都市化，传统乡村的血缘纽带的宗法观念和长幼尊卑等级的宗法社会已不复存在，农村人口的素质和文化观念与现代城市同步演进。城乡一体化作为我国对国民教育和农民阶层的抚慰，经常出现在各种会议的演说和文件资料之中，经常被列入发展规划和作为发展战略目标宣讲。然而，宣传是一回事，能否真正做到或逐步做到又是另一回事。

从整个20世纪来看，一些国家通过农地适度集中实现城乡差别缩小、消除和城乡一体化。如巴西、澳大利亚、韩国和中国台湾地区等，它们的确实现了城乡一体化，农民收入已达到或超过城市人均收入的水平，城市化工业化的人口达到70%以上，城乡居民家庭都拥有小汽车、私人住宅、电脑、电话等，然而它们实现城乡一体化的道路既不是靠扩大国有制的公有规模来实现，也不是靠均田制的小农经济来实现，而是靠适度规模的家庭农场来实现。

它们的家庭农场的实现过程是伴随工业革命的推进而逐步实现的，前后也不过花三四十年时间。在这三四十年内，这些国家并未全把精力放在发展农业上，而是将全部精力集中放在发展工业上，在工业带动的基础上把农村劳动力人口减少，进而鼓励适度规模的家庭农场方式经营，这样使工业现代化与农业现代化同步推进，使工业与农业的生产要素——劳动力、农产原料处于全方位的流动状态，从而实现有效的资源优化配置，最终实现了产业的演进和升级。因为在整个工业革命时期，城市因获得农村劳动力的规模转移而获得迅速发展，同时也为城市工业构造了庞大的工业品市场，农村人多地少的矛盾转变为人少地多的新矛盾，而工业化发展又为解决这个新矛盾创造条件——提供了机械化。由此农业为城市提供农产原料，又促进城市工业发展。在整个产业体系中，作为初级产业的农业因为农村劳动力减少而获得发展；而作为中级产业的工业则正好相反，因为获得大量从农村转移过来的劳动力而获得迅速发展，它们的工业化过程与农业现代化过程同时互动和对流，互利和互补。亚洲新兴工业国家和地区的工业革命，虽然距西方工业革命的历史有两三百年之久，从东半球到西半球，时空间隔久远，但其产业流变的规律，其城市化、工业化与以家庭农场为标志的现代化农业进程具有惊人的相似之处。这说明人口城市化工业化和以家庭农场为标志的现代化农业是有规律可循的。只有摒弃一切偏见，尊重和遵循这一先进国家所实践和总结的人类文明的共同规律，才能实现从传统农业国度向现代工业国度的社会经济结构的转变。

由此看来，发展中国家如果真正想要进入城市化、工业化和家庭农场化的现代化产业结构社会，就必须走先进国家所创造、后起工业化国家所仿效并且实践验证成功的道路，即开展工业革命，实行人口城市化工业化和适度规模的家庭农场化经营。选择这一道路对像中国这样的发展中国家尤为迫切。中国作为发展中国家中最大的传统农业国，如何实现人口城市化工业化和适度规模的家庭农场化经营，需要进行全新的探索，不能因为穷和传统的封闭观念，强调国情特殊而排斥运用人类文明的伟大成果；而应更新观念，虚心学习和运用人类创造的先进成果。把人类文明的成果与中国文明成果结合起来，只有这样才能使中国走出小农制传统封闭的死胡同，步入世界人类文明的先进行列，与世界人类文明同步迈进21世纪，使中国在21世纪成为中等发达国家。

6.3　中国实现农业现代化的出路是家庭农场

解决一个国家民族的吃饭问题、温饱问题，一直是发展中国家奋斗的目标，特别是中国在建立社会主义政权以来，以解决农民的吃饭、穿衣等温饱问题为己任。在进入小康水平前期所做的种种实践尝试，结果都未能成功：1953年的合作化运动和1958年的人民公社化运动，导致人民生活严重困难；1978年后的均田到户的责任制，才开始解决大部分地区的吃饭问题，但还有相当一部分地区未解决温饱问题。1990年后的股份合作制等，多种尝试始终未能实现农业现代化，还是十成人口八成种田搞饭吃，这种城乡人口结构没有改变。20 世纪 80 年代中期，本已缩小的城乡收入差别又进一步拉大，由 1985 年的 1.72：1 扩大到 1994 年的 2.63：1，超过了改革开放之初 1978 年的 2.37：1 的比例。2006 年城镇居民人均收入 6 192 元，农民人均收入1 850 元，城乡收入比率为 3.3：1，城乡差距进一步拉大，总体差距不但没有丝毫的缩小，反而越来越大。2013 年城乡收入差距连续 4 年下降，由 2009 年的 3.33：1 下降到3.03：1，与 2006 年相比，8 年下降不足 0.3 个百分点；与 1994 年和 1978 年相比，城乡人均收入依然相差悬殊。在农村的人均收入结构中，52% 来自非农业的外出打工收入，农业收入只有 48%，还包括政策补贴收入。农业收入并非纯利润，农业收入统计的水分比较大，农村人均收入实际还要更低。

为什么我国致力于改善农民的生活，农村落后面貌不但未见改善反而越搞越差呢？这是因为国家发展农业的体制和政策是违反农业经济发展规律的。我国发展农业的体制和政策都有着共同的特点：一是在体制上搞一大、二公、三纯，强调土地公有和公有化程度越高越好，土地公有的国家在农业生产上通过各级党组织和行政系统，直接指挥农业生产经营和分配的全过程。二是在政策上实行价格控制、政府定价政策。农民剩余的农产品不能自由出售，只能由国家按低于市场的价格，甚至低于成本价格征购，这几乎是发展中国家的通病，尤其是社会主义的通病。

同一个地球的另一类国家，即经过工业革命的实行市场经济的国家和地区，在发展现代农业过程中，也同样面临着如何解决农民问题的困扰。它们的目标是开展工业革命，实行人口城市化与发展家庭农场相结合，大力发展工业和商业，开拓世界市场。结果它们不仅解决了农民吃饭问题，还把农民的生活水平提高到跟城市人生活水平相当的境界。它们先后开展的工业革命，不但给城市人口带来了福音，更提高了农村劳动力人口的人均收入。不仅率先开展工业革命的欧美国家和地区是这样，亚太新兴的工业化国家和地区也是这样。这不是个别的和历史的偶然，在欧美和亚太新兴的工业化国家和地区的现代化进程中存在的情况，今天的中国也同样存在。为什么同在一个地球，一些国家可以做到，而另一些国家无法做到？这就是两类国家和地区采用与实行不同体制和政策的结果。

发达国家实行的是以土地私有制为基础的家庭农场经济，而包括中国在内的发展中国家和地区则实行以公有制为基础的合作制、集体共耕制、均田制和股份合作制等。相比之下，发达国家以私有制为基础的家庭农场制，土地产权明确，产权界区清楚，农户土地经营作为一个法人企业出现并自立于社会，不受国家政府和社会任何组织掠取和平调。农产品都通过市场自由交换，这样对家庭农场来说既有激励机制，又有约束机制，监督成本低而生产效率高。农场主生产出的大量商品必须向城市售卖交换回货币才能投入再生产。

而以公有制为基础的土地产权无论是集体共耕，还是均田分包制，农户都没有土地产权，这对农民既无激励机制又无约束机制，监督成本很高而生产率很低，人多地少的矛盾没有解决。均田制的家庭承包制有一定的效率，但因规模太小，纯属小农经济的典型状态，效率很有限，人多地少的矛盾显得更加尖锐。虽然合作制或公社制的公田看起来有一定规模，可以使用机械经营，但机械化的先进工具还是得靠人去操作，机械再好，没有人去启动使用和保护也等于零。苏联的国有农场和集体农庄的机械化程度也很高，但依然没有生产效率。本来机械化是为了解决人少地多的矛盾，但在集体共耕制和国有制的产权运作中，这一优越性无法发挥出来。反之，人多地少，集体共耕不如均田分包更具效率。实际上，人多地少的矛盾不会因为合作共耕而解决，不过是被合作共耕的现象所掩盖而已。

由此看来，中国农业的出路仍然是家庭农场化的发展道路。然而中国要实现家庭农场经济，必须克服通向家庭农场道路的制约因素，解除和转换制约家庭农场实现的体制与政策。

7　改造传统农业，确立家庭农场主体

传统农业的基本特征是：金属农具和木制农具代替了原始的石器农具，铁犁、铁锄、铁耙、耧车、风车、水车、石磨等得到广泛使用；畜力成为生产的主要动力；一整套农业技术措施逐步形成，如选育良种、积肥施肥、兴修水利、防治病虫害、改良土壤、改革农具、利用能源、实行轮作制等。传统农业在欧洲是从古希腊、古罗马的奴隶社会（约公元前5世纪）开始，直至20世纪初叶逐步转变为现代农业。传统农业组织的基本特征、技术状况长期保持不变，农民对生产要素的需求长期不变，传统生产要素的需求和供给处于长期均衡状态。

传统农业由粗放经营逐步转向精耕细作，由完全放牧转向舍饲或放牧与舍饲相结合，利用改造自然的能力和生产力水平等均较原始农业大有提高。传统农业的特点是精耕细作，农业部门结构较单一，生产规模较小，经营管理和生产技术仍较落后，抗御自然灾害能力差，农业生态系统功效低，商品经济基础较薄弱，基本上没有形成生产地域分工。传统农业从奴隶社会起，经封建社会一直到资本主义社会初期，甚至现在仍广泛存在于世界上许多经济不发达的国家。中国是一个历史悠久的农业古国，历来注重精耕细作，大量施用有机肥，兴修农田水利发展灌溉，实行轮作、复种，种植豆科作物和绿肥以及实行农牧结合等。在发展现代农业的同时，中国仍需保持和发扬传统农业的特点，逐步走“生态农业”和“现代农业”道路，建设优质、高产、低耗的农业生态系统，提高农业生产水平。

中国传统农业延续的时间十分长久，大约在战国、秦汉之际已逐渐形成一套以精耕细作为特点的传统农业技术。在其发展过程中，生产工具和生产技术尽管有很大的改进和提高，但就其主要特征而言，没有根本性质的变化。中国传统农业技术的精华对世界农业的发展有过积极的影响。重视、继承和发扬传统农业技术，使之与现代农业技术合理地结合，对加速发展农业生产、建设现代农业具有十分重要的意义。

我国传统农业走到尽头，何去何从，面临着艰难又不可回避的选择。

7.1 家庭农场经营是新型农业经营的主体基础

新型农业经营主体是相对于传统农业经营主体（经营几亩地的小农户）而言的，其经营规模较大，收入水平更高，规模化、集约化、专业化、市场化和社会化程度更高。新型农业经营主体包括专业大户、家庭农场、农民合作社、农业企业。其中，专业大户和家庭农场是家庭经营，农民合作社和农业企业是合作经营、集体经营或者企业经营。专业大户实现了规模化经营，但还没有实现集约化经营；虽然提高了家庭收入水平，但对提高土地生产率和促进农业持续发展没有多大帮助，是一个过渡形式。家庭农场可以把规模化经营与集约化经营有机结合起来，实现农地资源的有效配置，提高土地生产率和增加农民收入，成为我国农业生产的主要经营主体。

2008 年党的十七届三中全会聚焦农村改革发展问题，通过的《中共中央关于推进农村改革发展若干重大问题的决定》中首次出现了“家庭农场”的概念，指出：“有条件的地方可以发展专业大户、家庭农场、农民专业合作社等规模经营主体。”这里说的是“规模经营主体”。2012 年党的十八大报告中第一次提出“新型农业经营体系”的概念。2013 年的中央一号文件仍聚焦三农，但与往年相比，把“发展规模经营主体”改为“构建新型农业经营体系”和“培育新型农业经营主体”，这是中央文件中第一次出现“新型农业经营主体”的提法。党的十八届三中全会再次强调要加快“新型农业经营体系”的构建。

什么是“新型农业经营主体”和“新型农业经营体系”？新型农业经营主体，是在几亿农民离开土地进城务工经商之后自然而然出现的农业经营方式的一种创新。2008 年党的十七届三中全会和 2013 年的中央一号文件列出了三种新型农业经营主体：专业大户、家庭农场和农民专业合作社；党的十八届三中全会把农业企业也加入进来，于是新型农业经营主体包括专业大户、家庭农场、农民合作社和农业企业四种形式。这四种新型农业经营主体的共同发展构成了一个新型农业经营体系，它实际上是一个具有中国特色的现代农业经营体系，其中家庭农场必将成为我国发展现代农业的新型经营主体。

进一步分析可以发现，这四种农业经营主体的功能、作用和地位是不一样的。《中共中央关于全面深化改革若干重大问题的决定》在谈到健全城乡发展一体化体制机制时明确指出，要“坚持家庭经营在农业中的基础性地位”，这是我党在总结我国和世界农业发展正反两个方面经验中所得出的正确判断。纵观世界农业发展的经验，凡是坚持集体经营的国家，农业生产基本都是无效率的，而实施家庭经营的国家一般来说农业生产都是有效率的。以上列出的四种新型经营主体中，只有专业大户和家庭农场是家庭经营，农民合作社和农业企业不是家庭经营，而是合作经营、集体经营或企业经营。因此，应确立专业大户和家庭农场在农业生产中的基础性地位。农民合作社和农业企业除了一些特殊产业，如养殖业和特种农业之外，一般是作为农业经营中提供服务的主体，它们的主要功能应放在为专业大户和家庭农场提供各种产前、产中、产后社会化服务上，服务是它们的主要职责。没有它们提供各种社会化服务，专业大户和家庭农场的经营就不可能实现规模化、集约化，从而生产率就不可能提高。不过要记住，家庭经营是农业生产过程的基础，离开了这个基础，所有农业社会化服务就变成了无源之水、无本之木。

7.2　规范专业大户，向家庭农场转变

专业大户和家庭农场虽然都是家庭经营，但它们的经营性质是不同的，它们的重要程度是有区别的。国外没有专业大户这个概念，这是中国特有的词汇。专业大户也叫种养大户，是相对于传统农户而言的。改革开放初期，中国在农业中实施家庭联产承包责任制，把集体农地承包给单个农户经营，由于是按照人口和劳动力平均分配的，绝大多数农户的经营面积只有几亩地，规模非常小，收入水平很低，养家糊口可以，脱贫致富很难；随着物价水平和生活成本的上涨，靠几亩地养家糊口也变得困难了。随着工业化和城镇化的加速，越来越多的农民离开土地外出务工经商，导致大量耕地要么撂荒，要么粗放经

营。在这种情况下，在农村中有些种田能手和农机手等新型农民看到了致富机会，把本村或邻村农户的承包地和集体荒地流转过来统一经营，变成了专业大户，每年的收入水平比较可观。但专业大户中大部分是雇工生产和粗放经营，其原因是多方面的：一是流转的耕地太多，有的专业大户租赁几千亩甚至上万亩耕地，自己经营不过来，于是依靠雇工为他管理和生产；二是专业大户大多数是一个人在务农，家庭其他成员仍然务工经商，因此即使是经营面积较小的专业大户，通常也是靠雇工生产；三是土地流转不规范、租期短，而且不少只有口头约定，没有书面合同，很多人抱着种一年算一年的心态，不愿对土地进行长期投资和精耕细作。由此可见，专业大户实现了规模化经营，但还没有实现集约化经营；专业大户的家庭收入水平虽然提高了，但对提高土地生产率和促进农业持续发展没有多大帮助。它是在中国特有的国情下向现代经营方式转变的一个过渡形式，最终会与国外一样转变到家庭农场经营模式。

家庭农场以家庭成员为主要劳动力，不雇工或在农忙季节少量雇工；农场收入是家庭的主要收入来源；经营的土地比较稳定。这是家庭农场的三个基本特征。家庭农场以家庭成员为主要劳动力，农场主既是管理者，也是劳动者，这就限定了家庭农场的经营规模。当然经营规模究竟多大还取决于农业机械化、社会化服务水平，如果机械化、社会化服务水平高，经营的面积就会大些，反之就要小一些。根据中国人均耕地面积较小的国情，应支持适度规模的家庭农场。什么是适度规模？各地条件不一样，因此也有较大差别。对于种植业来说，一般在 100～500 亩比较合适。这样，家庭农场就可以在有限规模下实现集约化经营，把规模经营与集约经营有机结合起来，实现农地资源的有效配置，提高土地生产率和增加农民收入。因此，家庭农场应成为我国农业生产的主要经营主体。

培育和壮大具有企业家素质的新型职业农民阶层是加快家庭农场健康发展的关键。目前我国农村有一大批专业大户，虽然这些专业大户的经营者中不乏具有开拓精神和经营头脑的农民企业家，但笔者在调研中发现，很多专业大户经营者的素质是不高的，他们文化程度较低、年龄偏大、缺乏创新意识和长远规划，仅把其他农户承包地流转过来实现规模化经营。笔者认为，各级政府应认识到培育家庭农场主的重要性和迫切性，制订培育这些新型农民群体的综合计划和具体措施，通过各项支持政策吸引那些年轻、有知识且具有开拓精神和创新意识的人，使其愿意把农业经营作为一生追求的伟大事业，把农民作为终身职业。各级政府应增加财政支出，以现有培训机构为基础，建立和完善家庭农场主的培训体系。需要强调的是，培育新型职业农民要有一个门槛条件，主要鼓励和支持年轻、有知识的人当职业农民，有意识地改变我国农业经营者老龄化的倾向。

7.3 中国家庭农场的发展现状

在中国，家庭农场的概念首次出现在2013年的中央一号文件之中。而在国外，家庭农场的运作已经相当成熟。我国的家庭农场在江苏南部、上海等经济较发达地区已经有一定的发展，东北地区以其耕地面积大的优势在家庭农场的建设方面亦有所进展。

从家庭农场的发展现状看，广东东莞、浙江宁波、上海松江、湖北武汉、吉林延边、安徽郎溪等地积极培育家庭农场。官方资料显示，到2012年底，农业部确定的33个农村土地流转规范化管理和服务试点地区，已有家庭农场6 670多个。广东东莞以专业化的家庭养殖农场为主，市场相当明确，就是面向当地和港澳市场。农场注重实际，不注重名称和身份，相比之下，浙江等地发展家庭农场比较注重规范。浙江宁波以外地市场为主导，培育一批生产蔬菜和水果、养殖畜禽的规模大户。规模大户还进行了工商注册登记，成立了公司，进一步寻求贴近市场的发展方式。家庭农场数为600多个，平均年收入包括租金和薪金收入；单个家庭农场面积一般在3.33公顷以上；年销售额50万元以上的有355个；特色一般是雇用工人，有自主商标等。上海松江采取以农户委托村委会流转的方式，将农民手中的耕地流转到村集体。土地流转到村委后，由区政府出面将耕地整治成高标准基本农田，再将耕地发包给承租者。家庭农场数为1 200个左右；平均年收入7万~10万元；单个家庭农场面积为6.67~10公顷。

截至2012年底，全国共有符合统计者调查条件的家庭农场87.7万个，经营面积达到1.76亿亩，平均每个家庭农场劳动力6人，其中家庭成员4.33人、长期雇用工1.68人。家庭农场以种养业为主，从事种植业的40.95万个，占46.7%；从事养殖业的39.93万个，占

45%；种养结合的5.26万个，占6.5%；从事其他的1.56万个，占1.8%。家庭农场平均经营规模达到200.2亩，是平均经营7.5亩的农户的近27倍。其中，规模50亩以下的48.42万个，占家庭农场数的55.2%；50～100亩的18.98万个，占21.6%；100～500亩的17.07万个，占19.5%；500～1 000亩有1.58万个，占1.8%；1 000亩以上的1.65万个，占1.9%。已被有关部门认定或注册的有3.32万个，其中农业部门认定的1.79万个、工商注册的1.53万个。

广东东莞万江村的覃松养猪农场，2006年建场，租了市郊的两亩荒地盖起了养猪场，饲养1 200头生猪，年底全部出栏。除夫妇俩投入农场亲力亲为外，还请了两个帮工，当时月薪为1 000元。猪苗从种苗市场买进，每只猪苗成本是80～100元，平均是90元。每只养一年才出栏。出栏时平均每只毛重125公斤，屠宰后猪肉净重90公斤，按每公斤收购价为12元计，每只毛收入为1 080元。扣除地租、猪苗、饲料、疫苗、人员工资、屠宰税等成本，每只纯收入为80元左右。如果遇上饲料价格上涨，或者生猪收购价下调，猪场基本是保本，甚至是亏损。2007年是覃松建场的第二年，由于第一年养猪盈利10万元，加大饲养量至2 000头。结果遇上持续高温天气，约2/5的猪苗养至六七十公斤时中暑而死。这年该农场主损失了14万元，除把上年盈利的10万元亏掉外，还另损失了4万元。2008年，遇上全球经济危机，经济低迷，养猪业一片萧条。这年该农场虽然没有盈利，但也做到了保本。在不赔不赚的情况下，许多同类的养猪农场开始撤场、关闭、转移或转业。而覃松农场仍然选择坚持下来。当地政府为解决"菜篮子"问题，加大对生猪农场的扶持力度，但只补贴生崽的母猪，对育肉猪没有任何补贴。即便如此，覃松养猪农场坚持了5年，到2010年也关闭转业，原因是后几年依然是一年微利、一年亏损、一年保本，一个周期下来也基本是无利或亏损。在没有政府补贴的情况下，养猪农场主夫妻亲力亲为，奔波劳碌，基本上还是白干一场，无利可图，还比不上打工更为现实、合算和实惠。

当前中国家庭农场主要问题有：

（1）家庭农场主体作用不明。农户对领取家庭农场营业执照不感兴趣，积极性不高。发放家庭农场贷款主体基础缺乏。基层政府或单位对发展家庭农场的重要性缺乏充分认识，对家庭农场作为现代农业发展的重要主体不够重视；相反，有的官员想从亲属自办家庭农场中捞一把的心态尤浓。家庭农场潜在发展对象的种养大户，普遍缺乏市场意识，属于盲目的跟风生产，对组建规范式的家庭农场经营主体积极性不高。

（2）土地租期短且不稳定，农场主不敢贸然加大投入。由于人们担心政府增发货币，引起通货膨胀和物价上涨，租地价格的不确定性较强，租期通常较短，期限多为2年到5年不等，5年至10年的极少，影响和制约农场主扩大农场经营规模的积极性与可能性。

（3）融资困难重重，缺乏法律支持。家庭农场金融服务产品和创新滞后，家庭农场可融资性资产抵押难。由于农地产权主体不明，家庭农场土地流转法律地位缺乏，导致抵押融资难。土地流转作为促进家庭农场发展的重要因素，与家庭农场发展休戚相关。家庭农场拥有的土地为农村耕地，主要通过出租、转包、入股、抵押、担保等多种形式流转而来。在我国现有法律框架下，虽然《物权法》明确了农村土地承包经营权的物权地位，但《物权法》和《担保法》还明确规定，耕地、宅基地等集体所有土地的使用权不得抵押，这使得家庭农场的土地房产用于抵押贷款缺乏必要的法律依据。一方面，由于家庭农场在经营初期投入比较集中，资金需求较大，多数农场实力不强，固定资产少；加上会计信息不规范、不充分，缺乏信用记录，金融机构很难用常规方法评估其还款能力；而且大部分投入无法通过资产抵押等方式获取金融机构贷款，很难扩大生产规模和发展设施农业。另一方面，由于农村金融机构服务方式单一、业务品种缺乏、结算手段落后，无法为家庭农场提供方便、快捷的金融服务。家庭农场规模小，融资困难重重。以一个家庭农场经营100亩土地的标准计算，每年的租金为6万~10万元，再加上基建成本、生产成本，没有几百万元启动资金投入，后期运营会很困难。根据目前商业银行的贷款条件，获得10万元以上的贷款必须持有集体土地使用证、个人房产证明等，再视生产经营规模大小进行评估，放款额度控制较严，对于想扩大规模、拉长产业链的家庭农场而言显然是杯水车薪。

（4）家庭农场抗风险能力较弱。由于农业生产经营风险大，保险赔付率高，商业保险公司开展农业保险的积极性较低，导致农业保险险种较少，且产品设计不够合理，化解风险作用较小。虽然目前开办了政策性农业保险，但主要限于小麦、油菜、能繁母猪等少数险种，且多限为成本补偿，基本没有收益受损补偿。家庭农场抗风险能力普遍较弱，使得家庭农场生存不易，成长发展更难。

（5）家庭农场科技化水平不高。由于农场主知识水平普遍偏低，缺乏现代金融知识、现代经营管理理念和农业技术指导，在融资管理、农田管理、科学耕作、市场行情掌握等方面有一定差距，对新技术、新品种了解甚少，缺乏竞争能力和创新意识，应对市场风险能力较弱。市场价格一旦发生对农场主不利的变动，就足以导致一些中小农场主倾家荡产，倒闭关场。

7.4 规模适度集中与缩减农户总量

实现农业现代化之所以要控制农户增长、机械降低农户总量，是因为小农户不能承担和完成实现农业现代化的重任与使命，这也是现代农业规律性的内在要求。人为维系小农方式难以实现现代农业规模化。

7.4.1 现代农业需适度规模

第一，小农不能实现农业现代化。现代农业有着与小农经济截然相反的特征。现代农业以规模化为先决条件。有了规模才谈得上有商品率，有商品率才有可能进行农业机械化装备，才有可能构建起机械化农业。很难想象，保持小农经济条件能够实现农业现代化。现在的农户无休止增长，人均占有农地却更少，收入更低，这使小农经济雪上加霜，从而加剧了小农户的自给性和贫困化。美国耕地面积29亿亩，相当于我国耕地面积的2倍。一个农户的种植面积由19世纪的几十亩到20世纪初的200多亩，再到20世纪末的600亩，农业商品率几乎是100%。美国农民人数由19世纪初的1亿多人减少到20世纪末的500万人；我国农户数由改革开放初的承租制初期的1.7亿户到2005年的2.3亿户，农户不但没有下降，反而增加了0.6亿户，这对中国走向现代规模商品化农业并不是一件好事。根据人口增长势头，到21世纪中叶人口约15亿；按城市化率60%测算，农民7亿，农户1.8亿，那么农户减少了0.5亿户。考虑到耕地逐年减少，2050年户均农地仍将保持30亩左右。亩产按1 000斤计，户均毛收入仍按7 000斤计，户均消费量不变，在生产成本比例不变的情况下，商品率为30%，但由于人口增加和农户基数大、城镇化转移率有限，户均种地规模扩大的潜力有限，科技运用带来的增长也有限。换言之，半个世纪过去，农户的生活水平仍然没有什么改善，如果农业科技不能加快21世纪中叶的农田亩产增长，那么，农户的实际收入要减少，用于出售的剩余农产品会更少，农业产品商品率难以提高。可见，小农经济是没有前途的，要实现现代化，就需要适度规模，不能寄希望于维持现在的小农制基础来实现农业现代化。

第二，现代农业需要较高的商品率。小农户过多，商品率无法提高，反而趋于下降。较高的商品率是现代农业的特征之一。较高的商品率是指直接用于市场销售（包括内销和出口）的农业产品量占当年的农产总量的比例，以 R 代表商品率，以 P 代表农产总值，以 M 代表市场销量，以 Z 代表百分比，那么可得出的公式是：$R = M/P * Z$。我们假定某农户的年总产量为8 000斤，销售量为2 500斤，那么将其代入上述公式，其农产品商品率便是31.25%。现代国家的家庭农业商品率，一般都在95%以上，美国和加拿大更高，与我国人多地少相似的日本和中国台湾地区平均也在85%以上。按照目前人口规模发展下去，那么到21世纪中叶，总人口可达15亿，农业人口7亿，以2亿农户计，户均耕7.5亩，农业科技应用可以使单位产量提高30%。农地产量由亩产1 000斤达到1 300斤，那么每年的户均产量仍然是7 800斤，商品率仍为30%。这样半个世纪农户的传统农业结构未变，即农业科技的进步仍然未能实现农业现代化，从小农社会结构来说，虽然保持了30%的商品率，但小农的规模已缩小，只不过是科技进步把小农日益缩小固化的现象掩盖了，不易被人们发现和认识而已。所以便会有总户数增加了，年均每户产量照样保持历年最好水平的说法。虽然我国实行这样低效率的做法有许多理由，是不得已的选择，但其商品率水平是永远无法走上现代农业的台阶的。

第三，现代农业需要机械化和集约化。不要因为农户手工操作的传统农业超稳定而排斥机械化，使用机械自动化生产工具是现代农业的特征之二。农业经过规模化和商品化推动了机械化、自动化的农业生产工具的革命。农业规模化、商品化刚开始时，人畜力并用、肩挑手推的传统农业生产工具已经被淘汰，取而代之的是装备逐步完善的机械化、自动化的现代农业生产工具。机械化生产要求集中连片的专业化生产管理，在机械化、自动化实施之后，又使农业出现了集约化经营。因此，要实现农业现代化，就必须实行机械集约化。在机械集约化与规模化、商品化的关系方面，是先有规模化才有商品化再有机械化。因为规模农业可使农户提高商品量，从而把商品用于市场销售，取得货币，再购买农业机械，用于装备农业，从而取代传统生产工具。在我国有一种流行的观点，认为先有机械化才能有规模化再有商品化，这种说法把因果关系颠倒了，是违背客观事实的。因为成千上万像“一袋马铃薯”的小农户商品率太低，是无法获得相应的货币购买农业机械设备的。即便像有些设想的和有些地方试验的那样，联合小农户共购来轮流使用，也因为成本过高，小农支付起来不合算，难以坚持下去而失效。因此，必须摆正规模农业、商品农业、机械农业三者之间的关系、序列，抓住主要矛盾来带动其他矛盾的连锁解决。如果主要矛盾抓不住，先从次要矛盾抓起而放过主要矛盾，次要矛盾就不可能解决。机械化或联合机械化搞一些宣传的样板可以，但要真正普及去做是根本行不通的。

7.4.2 适度集中与减少农户总量的途径

要使控制农户增长、减少农户总量的目标成为现实，需要通过一定的强有力而又切实有效的政策措施和手段来保证。否则，再好的目标也因空谈而一事无成，一再失去走向现代化的良机。

第一，按我国现代农业的要求，给予现代农业农户总量的目标定位。我国原先定位的2000年基本实现四个现代化，在局部地区可以实现，但整体尚有困难。现代农业作为一个涵盖全国的整体目标，必须重新确定实现农业现代化的目标。这个目标必须切合实际，既考虑目前的因素，又考虑将来的趋势。因此，既不能太虚，又不能太实。目标太虚，不着边际，努力没有参照数；目标太实，则容易在变化中与客观情况相悖，失去指导意义。时间的跨度要适当，不能太短，也不能太长。太短急功近利，拼资源而欲速不达，难以实现目标；太长让人觉得遥遥无期，失去努力的兴趣和动力。我们以2050年为界，中国要达到户均2公顷耕地（相当于日本20世纪80年代的农户耕种面积），那么，就要从现在的2.6亿农户减少到0.6亿户，户均2公顷耕地，收成2.75万公斤粮食，以每公斤3元计，产品价值为8.25万元，收益率30%，即2.5万元，按四口之家计，人均可达到6 250元，达到现在城市人均收入的50%，就是说缩小农村人均收入与城镇人均收入的差距，需要减少2亿农户。要达到这一目标，就要用50年努力由目前的2.6亿农户缩减至0.6亿户，用50年消化现在的2亿农户，如此一个浩大工程，平均每年要转化和减少400万农户才有效。然而目前每年新增农户300多万户，也就是从现在起，除了把每年动态增长的300多万农户非农化外，还要对现有的历年积累下来的该转移的400万户农户非农化转移出去。这样实际上每年得转移700万户，才能沿着既定的目标推进。实际上，每年净转移是100万户，与每年要转移的400万差距很大，按每年纯转移的100万的数目则要转移200年。因此要确保每年转移的400万户目标，必须提高到每年实际转移至少700万户，才能使既定目标的现代化适度规模的农户目标定位变成现实。

第二，采取果断有效的政策措施和手段排除一切障碍，实现适度的现代农业农户总体目标定位。这样做虽然科学合理、切实可行，但传统的习惯阻力会很大，不排除这些传统的习惯和制度障碍就不能奏效。首先，排除户口制度障碍。这一障碍与其他诸如产权流转障碍的关联很大。户籍制把占总人口80%以上的国民人口世代禁锢在土地上，不能自由迁移，导致人口近亲繁殖，人口素质低下，人口退化和人口数量增长居高不下，所以户籍制的消极作用超过了其正面作用。尤其重要的是，户籍制像蓄水池一样，农业人口越蓄越满，直到泛滥成灾。因此消除户籍制的障碍，促进人口城镇化，是减少人口和农户总量的首要条件，是2050年实现农业现代化的既定目标的首要保证。其次，让农地产权自由流转，便于小农经济的产权流转和优化配置。农地产权转让困难，部分原因是转让机制未形成，更深层的原因是户籍制把农户困缚在农村土地上，不能自由解脱和改革农村的户口关系。农民一旦转让土地进城务工经商，将交不起高昂的进城费用。以各种名义清理商流及外流的人口，进城的农民均受到盘查、传讯和强行遣送返乡等，在这种户籍制下，农户虽然有转让土地的愿望，但户籍制使他们尝到进入城镇时要被查验各种证件，以及往来城乡求人办各种证件的时间费用和受气的滋味。既然不能离开土地终身迁入城市，留在农村则需要以土地为生，这样土地是万不可转让的。要实现农户的农地产权流动，一方面要进行产权制的改革，把所有权与使用权给予农户，并使其享有使用权继承和转让的自由；另一方面同时配套改革的户口制度才能奏效。

第三，打开城门，发展劳务输出。鼓励劳动力出国劳务，来去自由。我国农户人口积压过多，与长期关闭国门、劳务输出渠道被堵塞有直接关系。我国在 20 世纪 80—90 年代平均每年输出劳务人员 7 万～10 万人，仅占国际流动劳务人员总量的 0.3%。虽然近年来我国外派劳务人员数量上升至 40 万～50 万人，但也不到国际流动劳务人员总量的 1%。只有 8 000 万左右人口的墨西哥每年输出的劳务人员有 800 多万人，出口劳务每年给墨西哥赚回 160 亿美元的外汇。亚洲最大的劳务输出国菲律宾的海外劳工实际人数也多达 700 万人。无论是与这些国家数以百万计的劳务输出规模相比，还是与我国庞大的人口基数相比，我国的劳务输出规模明显偏小，与我国占世界总人口 1/4 的世界人力资源大国的地位是不相称的。劳务出口渠道窄小，一方面失去了由劳务出口创汇减轻农业压力、提高劳动力素质的机会；另一方面加重了农地人口负荷，小农经济不断贫困化。要打开国门多渠道发展劳务出口，鼓励劳动力出国务工经商于国于民都是十分有利的。要尽可能在 10～20 年内使我国劳务出口占世界劳务市场份额达到与我国人力资源大国的地位相称的水平。各级政府要做好动员组织培训、牵线搭桥的咨询服务工作，使我国成为劳动力资源出口创汇大国。这对减轻农地压力、提高劳动力素质、增收外汇都是大有裨益的，不可迟疑。

第四，对农户目标及政策措施、手段等进行法律规范和保护。农户总量减少，要通过一定的政策措施付诸实践。然而，政策手段毕竟是临时的、可变的行政措施。如果没有经过法律规范和法律保护，就会很容易因人而变，随着领导人的更换而失效，失去政策的稳定性和连续性，以致前功尽弃。为使政策措施、手段能够经得起时间和行政人事变迁的考验，对政策措施、手段必须进行法律化规范。通过立法程序将行之有效的政策措施上升到法律层面，形成法律条文来规范。这样农户总量的减少，既定目标定位和一切措施、手段就有了法律依据和法律保证。即使今后行政人事变化要想改变既成的法律，也必须经过法律程序来进行，任何单位和个人都无法利用公职权力随意削弱或取缔这一既定目标。

8　家庭农场制的全球意义

家庭农场是人类创造的一种既有效率又有规模的农业现代化生产的产权制度，是人类文明的伟大成果。国际经验证明了家庭农场化的国家或地区都能走出传统农业的境地，进入现代化发达农业的境界，家庭农场制是全球公认的行之有效的先进科学的农业经营制度。

8.1　家庭农场是市场经济的产物

家庭农场产生于资本主义的工业革命时期，它与此时期的资本主义自由经济是相适应的，资本主义自由经济使城市劳动密集型工业大量发展而把农村劳动力人口吸引转移过去，为农村解决人地矛盾、孕育家庭农场创造了条件。资本主义自由经济时期，人们需要更多的是除了农产品以外的工业产品，如衣、住、用等资料，资本家看到这一趋势，把财产放在发展人们需要的工业产品上来。这样，城市劳动密集型工业便成为商人追逐和全面发展的对象。这就把农村劳动人口大量吸引过来，农村由人多地少变成了人少地多，为使用机械化、规模化、商品化的家庭农场创造了条件和提供了可能。对农村农民来说，随着农村流动人口向城市的终身转移，农村的劳动力人口减少，那么农村劳动力可以集中规模经营取得除了自给以外的较多商品，规模越大，商品率就越高，而商品率对城市工业供应越多，就越能促进城市工业化的发展。所以，工业革命的人口城市化、工业化使农村人口向城市转移，也就提高了农村的商品率，增加了对城市农产品商品的供应，促进了城市化工业化的发展。农产品与城市产品相交换，农村获得了机械装备，城市获得了农产品生活资料和部分生产原料。因而，城乡经济在市场自由机制的推动下互补地共同发展。

为什么家庭农场需要市场来推动呢？首先，农产品要由产品变成商品必须经过交换，而要产生交换则必须有交换对象，交换的对象来自市场。对农产品来说，产品的需求市场来自城市，并非来自农村。因为在农村小农制情况下，大家生产的东西几乎是一样的，你有我也有，用不着交换，只有调剂没有交换。这样，对一个处在小农制的农业国里，城市规模小，城市人口少，一般仅占全国总人数的20%左右。这样，对农产品的需求量不多，农村小农们以自给为特征的农产品剩余十分有限，甚至几乎没有剩余。那么，占全国总人口20%的城市人口的农产品需求是怎么解决的，并不完全是农民自愿出售的商品，而是国家政府通过以低于市场平均利润率的价格或相当于、低于农产品的生产成本征购农产品来满足。表面上看，这也是一种交换行为，但已经不是平等自愿的商业行为，而是一种扭曲的超经济和超商业程序的行政行为。这种贡售的价格已背离价值，农民的劳动产品的利润甚至包括部分成本都转让给政府，由政府再平价转让给城市人口。在未发生工业革命的国家，城市人口增长极其缓慢，没有外部人口，即没有农村人口向城市的机械转移。这样，城市的农产品需求量和需求市场十分有限，也就相对稳定。而农业因为没有工业革命的推动，种田人口不减少，农村人多地少的矛盾就不能解决。在一定的农业技术条件和特定的自然生态环境下，农产品的增长十分缓慢，政府对农产品的地租税和征购额也基本稳定。这样，城乡的农产品的供求关系都处于一种稳定状态。这种状态在没有发生工业革命之前，是一种超稳定的状态，只有在工业革命到来之时，这种超稳定状态才开始被破坏和裂变。因为工业革命到来时，西方国家工业革命的载体在城市，利用城市可以获得服务、设备，尤其可获得市场信息。城市工业发展起来了，从而推动了农村的劳动力人口进入城市就业。原来在人畜力手工操作的小农制经营体制下的农业劳动力便被吸引弃农进城就业，充当工业、企业的劳动力，这样城市人口因为农村劳动力的转移而机械增长。城市人口增长，对农产品的需求扩大，而伴随城市人口增长部分的农产品需要农业提供。农村开始有了日益广阔的需求市场，城市对农产品的需求的张力扩大了，对农产品的商品率提出了更多更高的要求。这对农业商品化是一次机遇，农业应将更多的剩余产品作为商品供应给城市市场。在工业革命推动下，因为农村劳动力人口持续大规模地迁移流动，种田劳动力日益减少，小农制已被破坏、分化、裂变。人多地少的矛盾转变为人少地多的矛盾，这就使留在农村的农民进行规模经营成为现实。在自给量既定的情况下，农民耕种规模越大，农业商品率就越高，可供城市的农业商品率就越高。农业因为城市工业化的推动而减少了自给农业的人口，使农业商品化规模经营成为可能。比如，原来100人种80人种的100亩土地，商品率只有20%，这与城市人口占总人口20%的比例相适应；工业革命后，100人种地减剩20人，那么，农产品便提高到80%，这正好又与城市人口占总人口80%的比例相适应。因此，农村人口减少并不会导致农业减产，更不会导致商品率降低，相反是导致农业生产工具的改变、经营规模的改变和农产品增长率极大的提高。因此，进城的农民无须担心自己离开农村后，没有农产品供应保障，只要通过交换，即把在城市就业的收入用于交换原来属于自己直接劳动自给消费的那份农产品即可。在农业上，原来占总劳动力人口80%的人口耕种的土地由占总人口的20%的劳动力人口来经营，产生的农产品没有减少，而商品率已由原来的小农制的20%上升到80%。这就得到利益，农业劳动力人口向城市转移，使农村隐性失业状态的80%剩余劳动力人口脱离农业入城就业，创造了一笔工商财富，这要比他们原来在农村搞小块土地经营的收入多很多倍。而且，他们创造的财富并不用于自给消费，而是用于交换和回报农业。这样，农村劳动力人口向城市化的产业转移已带来双重成果：一是100人种的地由20人来种，产量没有减少而商品率由原来的20%提高到80%；二是从农村弃农转入城市务工经商的80个劳动力又创造了一份工商财富。这样，同样是3亿个劳动力，在工业革命前与工业革命后所做出的产业产值贡献就有天壤之别：工业革命前农业产值为2 000亿元；而工业革命后，假定农业产值仍然是2 000亿元，然而3亿个农业劳动力中已有2.4亿个转入城市创造工商财富，便不再是2 000亿元，而是6 000亿元。工业革命后的产值总值便是8 000亿元，是工业革命前（3亿人种田时）的2 000亿元的4倍。这里，关键在于3亿个农业劳动力中的2.4亿个人口离开农业后，为提高农业规模化商品率和创造工业财富而发挥的双重历史性作用。

8.2 家庭农场化与人口城市化同步

家庭农场是现代化国家中普遍实行的农业生产组织形式和经营体

制，孕育于16世纪，诞生于17世纪，成熟于17—18世纪，广泛盛行于19世纪。经历了几个世纪，家庭农场日臻完善，成为近代和当代发展农业生产最为科学和有效的农业生产组织形式及经营体制。它对全球人类都具有普遍的历史意义和时代意义。因此，家庭农场的出现、存在、发展与影响是具有世界性价值的。

家庭农场是科学的先进的农业生产经营制度。它有集体共耕制和均田分包制所兼备的三个特点：一是产权制度的安排具有排他性和效率性；二是经营规模的自我滚动扩大；三是农产品的商品化、市场化。首先，产权明晰和界区分明，是国有农场产权制度安排的科学性和优越性。其次，经营规模的自我滚动扩大。家庭农场的规模不是靠权力掠取，也不是靠功名捞取而来，而是靠家庭收入的自我积累向社会市场的平等交换购置而来。农地的增加、规模的扩大是符合法律保护要求的、适度规模的，因而是正当、不容非议的，也是不容非法掠夺的。再次，农场主有权自由支配农产品，用于直接出售或加工出售。家庭农场这三种特点正是集体共耕制和均田制所缺少的，如集体共耕制的产权主体不明晰；均田制虽有一定的效率，但远不及家庭农场产权效率那样高。尤其是均田制的规模过小，经营单一自给性强，而商品性极弱，因而必须自我积累和扩大规模，以向现代农业过渡。

家庭农场作为先进的农地产权制度安排，它产生于资本主义，但不限于资本主义。农村劳动力的城市化转移，解决了人地矛盾，扩大了农户的规模化、商品化，而城市工业区的发展为农业现代化提供了装备。农场规模经营推动了农业机械化，这是因为资本主义的工业化需要农村提供劳动力和农业原料两种生产要素，而家庭农场正是伴随资本主义工业革命出现的先进农业经济体制和方式，大量出现于18世纪的英国；到19世纪，英国的家庭农场已趋于成熟并开始向法国、德国、美国普及；到20世纪中下叶，则普及日本、韩国等国家和中国台湾地区。然而包括我国在内的社会主义国家大都是在封建制结构基础上建立起来的，未经过资本主义发育成长的国度要发展现代农业，同样可以采用家庭农场的经营方式来发展社会主义的现代农业生产力。从产权制度、经营规模、商品率来考察，家庭农场都是较先进且符合现代农业生产力发展的产权制度安排和经营的主体形式。资本主义农业家庭农场化，创造了资本主义高度发达的规模化、机械化、商品化的现代农业。社会主义如果全面推行家庭农场制，也会创造高度发达的社会主义现代农业。那种抱着“资本主义的社会创造的产权制度形式、经营方式归资本主义制度，社会主义不能使用，否则就会产生资本主义”的观念，其实是十分片面的。集体共耕制是原始社会的公社和奴隶社会创造出来的农业经营制度，均田制是封建社会创造出来的经营制度，社会主义使用共耕制和均田分包制为什么就不怕变成原始社会、奴隶社会和封建社会呢？因此，把家庭农场制与资本主义画等号，是不符合逻辑的。在经过共耕制与均田制轮番试验均未能走出传统农业的困境之后，应当大胆引进家庭农场制，并使之落地生根。家庭农场的发展改变了传统农业的格局，创造了集体共耕制和均田分包制无法创造的规模化、机械化、商品化的现代农业。因此，既有产权效率又有经营规模的市场化优化配置的中国式家庭农场制度，是中国实现农业现代化唯一不可回避的出路和选择。

当代西方许多国家都已普遍实现了家庭农场。这个家庭农场就是以家庭户为单位，一般只有 5 ~ 10 人，而实际劳动力为 3 ~ 6 人，耕作平均 30 公顷左右的土地，产供 90% 以上的农产品。美国、加拿大、澳大利亚的家庭农场户均耕地就更多了，美国农场户均耕地 700 公顷，加拿大、澳大利亚户均耕地多达 1 500 公顷。在这些国家，一个农业劳动力的农业生产可以供给 70 ~ 100 人的生活需要。这些国家人均耕种面积这么大，商品率这么高，使用机械化、电子技术化和现代化农业，使他们人均可支配收入接近或相当于城市的人均可支配收入，而居住条件却比城里人要好。农场主家庭和城里人一样拥有小汽车、电脑、电话等现代化设备，城市人有什么，农场人也有什么；甚至城市人没有的他们也有，如拥有一般城市人没有的高级乡村别墅。这一切表明，现代农业国家的城乡差异已经不复存在。如果说还有差异的话，已不是原来意义的城乡差异，而表现为乡村人均收入趋同甚至略高于城市人均收入，而农村居住条件等生活环境更优于城市。在西方，农村已没有户口、身份、职业的贵贱之分，农民的地位、身份、享有的权利和义务与城市人口是完全一样的，农民不因为是农民而低人一等，城市人也不因为是市民就高人一等。农民与市民在文化修养、精神面貌上已经没有明显的差异。事实上，农民可以随意成为市民，而市民要随意成为农场主或农场的高级管理人员恐怕不容易。在这些国家中，非常富裕和非常贫困都是极少数，绝大多数都是已达到小康水平的小产或中产阶层，这才是真正的城乡一体化、异步均富裕。

然而在欣赏之余，请不要忘了，这些国家原来也是农业国家，在开展工业革命之前它们也是80%以上的农业人口集中在土地上，以自给自足的小农制方式经营。如300多年前的英国，200多年前的法国、意大利、德国，100多年前的美国、加拿大、澳大利亚等，它们都是这样，以种小块土地为生，使用的是传统的人畜力工具耕地，农产品剩余和商品率非常低。如美国1863年的农村人口占83.6%，与我国1950年的农村人口比例相似；但经过近40年的工业革命，即到了1900年，农村人口比例下降至只有20%，实现了城乡人口的结构性转换。就是说，种田人大为减少，从八成减缩到只有两成，但农业并没有因此而减产，反而使农村商品率大增。城市人口从两成扩大到八成，而城市人口增加并没有加重城市负担，反而促进了城市工业发展；也没有因为城市人口增加而加重农业的负担，反而促进了农业的发展，刺激了农村商品率的提高。

那么，西方发达国家的现代农业是如何形成的，西方人都明白，这得益于资本主义工业革命的成功，明智的中国人中也不乏知觉者。然而，许多中国人一提起西方国家的农场制度，就认为资本主义的农村人口进入城市就业的历史原因是资本主义经济发达，有机械化耕作，才会出现这样的现象。说到中国的农村人口向城市转移时，认为中国国情特殊，不具备美国那样的机械化经营和有大量农产品供应城市；认为中国农村人进城，没有这么多粮食解决吃饭问题。这是一种把结果说成原因的因果倒置法。美国农业商品率高并不是使美国农村人口向城市转移和实现城市化的原因，而是美国在100多年伴随工业革命的进程中，实行人口城市化、工业化的结果。要知道1863年的美国还是个自给自足的小农制国家，农业几乎没有机械化，也没有什么商品率，总产值也非常低。实际上，美国商品化、规模化和家庭农场的实现是1860—1990年伴随工业革命的过程，经过40年人口城市化、工业化的奋斗才得以实现的。没有这个时期的工业革命和人口城市化、工业化的推动，就不会有美国今天的商品化、规模化和现代化的家庭农场经济。否则，美国仍然是一个和中国一样，80%以上的农村人口自给自足的小农制国家。

美国和其他西方现代化国家的家庭农场实践经验都表明，商品化、规模化的现代农业的实现和成功都不是靠禁锢80%以上的国民种地来取得的，而是靠工业革命时期，农村劳动力人口大规模持续不断地向城市转移而实现的。因为农村人口向城市转移有双重效应：一是满足了城市工业革命的工业、商业等先进产业扩大发展的需要；二是农村劳动力人口向城市转移虽然使农村失去精壮劳动力而减产，又使小农制开始解体，但为少数留在农村的农业劳动者集中兼并规模经营提供了机遇和创造了条件。没有农村劳动力人口的持续转移，或者已转入城市的农村劳动力人口半途又回到农村重新耕田，那么，小农制就不可能解体，商品化、规模化、现代化的家庭农场经济就不可能形成和实现。

因此，从西方国家家庭农场的现代化共同进程来看，西方国家商品化、规模化、现代化家庭农场经营的成功，并不像有些中国人所说的那样，是因为美国的工业发达，使用农业机械提高劳动生产率之后，农民被机器赶进城市推动了工业革命；而是工业革命推动了人口城市化、工业化，人口城市化、工业化又反过来推动农业向规模化、商品化发展。它们之间的逻辑关系可以这样表述：工业革命推动人口城市化、工业化转移，而人口城市化、工业化转移又反过来促进农业的规模化、商品化的家庭农场经济的形成。在逻辑顺序上是先有工业革命，后有城市化、工业化，进而有人口城市化、工业化，才有农业规模化和商品化的家庭农场的实现。所以，两者是互为依存的共处于同一过程共同作用中的存在，而不是孤独的彼此分割的存在。如果不搞工业革命，没有人口城市化、工业化转移，那么人地矛盾就不能解决，农村的产品也不能有剩余，也就不可能有什么规模化和商品率可言。同样，没有人口城市化、工业化转移，工业革命也不能开展和成功；没有人口城市化、工业化的规模转移，人地矛盾不解决，规模商品化的家庭农场也不能实现。

如上所说的发达国家的家庭农场，它们是工业革命过程产生的双重效应之一，是工业革命造就的两个伟大成果之一，即人口城市化、工业化和农业规模化、商品化、现代化。发达国家的家庭农场虽然说是伴随工业革命而产生发展起来的规模化、商品化、现代化农业，但它不是消极被动地产生和发展起来的，也不是工业革命的副产品，而是工业革命制造和产生的两大正品之一——城市现代化与农村现代化。固然，工业革命中的城市现代化是在资本主义一定的产业政策指导下进行和取得成功的；同时，工业革命中的农村现代化也离不开一定的产业政策指导。在工业革命进程中，往往城市产业政策与农村产业政策无法截然分开：孤立来看、直观来看是对城市有利的；而从辩证和长远来看，又是对农村有利的。如工业革命初期，资本主义自由竞争发展的主要是劳动密集型产业，这些产业发展从农村取得大量廉价劳动力，需要把农村中耕种小块土地的农业精壮劳动力吸引转移进入城市来就业。一些习惯于传统手工农业的上了年纪的农民可能无动于衷，然而一些 16～35 岁的青年农民却不甘于在农村种小块土地的寂寞和穷困，弃农进城务工就业就成为他们人生中一次转折性的选择。他们离土离乡，弃农进城，似乎对传统农业来说是一个打击，实则是给传统农业带来了转型机会。的确，在农村劳动力规模转移时农地会出现荒芜状态，对此怎么看？如果孤立起来看，似乎只对城市发展工业有利，而对农业不利。今天的社会主义国家人们对这段历史的看法，就是牺牲农业迫使小农破产来搞城市化工业。因此，在东方社会主义国家的传统观念中，西方工业革命造就的人口城市化、工业化是建立在破坏农业和农民利益的基础上。然而，他们看不到或者看到了也不肯承认人口城市化、工业化最终带来的并不是他们所想象的悲惨结果，而是规模化、商品化和现代化家庭农场经济的实现。城乡差别由城市优越于农村变为农村优越于城市。原来城市人均收入是农村人均收入的几倍，现在则倒过来，农村人均收入是城市人均收入的几倍。客观事物表明，工业革命时期的人口城市化、工业化进程和农村劳动力人口大规模的持续的迁移，不仅是城市工业化的需要，也是实现规模化、商品化、现代化家庭农场经济的需要。在这个过程中，除了英国在工业革命进程中因急于大量满足和开拓世界市场的需要而强迫农民离开土地进入城市转业，不得倒流农村种小块土地的极端例子外，其他西方工业国家开展的工业革命都是采取自由、自愿的农村劳动力人口向城市化、工业化转移的做法。在自由、自愿转移的农民中有 90% 以上是 16～35 岁的青年农民，他们自愿离开土地，同样也给靠人力和手工工具耕作的小块土地的生产带来影响。无论是法国、德国、美国还是日本等，在工业化革命的高潮时，由于农村劳动力大规模地、持续地迁移，难免对农村小农制的土地生产经营方式带来影响，出现因缺少精壮劳动力而减产减收的现象。然而，这种现象并不是绝对的坏事，正是这种现象的出现使得人多地少的小农制生产方式开始变成人少地多的新矛盾。为了解决这个新矛盾，规模化农业、商品化农业和机械化农业就随之孕育并诞生了。所有经过工业革命的西方国家的现代家庭农场经济成功的历史事实都充分地说明了这一点。因此，东方小农制国家站在小农制的观念和意识上对当年西方诸国的工业革命带来的人口城市化、工业化与农业规模化、商品化和现代家庭农场经济进行的历史观照和认识是不正确的，也是不符合历史逻辑的。然而，在今天的东方社会主义国家，最明显的是中国，正当面临着改革开放，进行着与当年西方工业革命相似的兴起城市第二、第三产业时，除了仍然有坚持认为农村劳动力向城市转移会影响农业，要求制止农村劳动力向城市转移的观点之外，还有一种比这更为新鲜而奇特的观点，认为农村劳动力人口进城务工经商，放弃第一产业，从事第二、第三产业会增加市民的负担，与城市居民争房屋、交通工具，抬高物价，造成入托、上学、看病全面紧张等。一句话，就是认为农村劳动力向城市转移损害了城市居民的利益，增加了城市市政建设和市民的负担。有人甚至翻出过去计划经济的老账本，向国人警告，每增加一个农民工进城，城市基础设施要增加多少投资，然后汇总起来全国一年增加多少城市人口，需要增加多少投资。这纯粹是玩弄计划游戏，农转非的进城人口需要增加相应的投资是没错的，但不知抱这种思想观点的人是否想过增加一个劳动力人口进城后所带来的多重经济效益、社会效益和现代化意义呢？一个农民劳动力进城后，一是腾出一小块土地让别人进行兼并集中经营，无形中原来属于自给的那份农产品变成农业商品。二是农民进城后，还创造了一笔第二产业或第三产业的财富。农民进城居住生活，全部费用都靠自己用劳动报酬去支付，这是一种等价交换，并非农民白白享用。而国家为扩大城市容纳人口规模所投资的费用，则又从进城的劳动者的劳动收入再通过平等交换程序中回收。这样，国家新增的投资没有白投，农民进城也没有白享用。三是农民进城改变了多胎生育观念，减少一个人口出生，意味着增加一份农业商品、少砍一些森林、少占一个宅园、节约一份土地。总之，无论从哪个角度来看，转化一个农民进入城市，既创造了一份第二、第三产业的工商财富，又创造了一份农业商品，减少人口增长率和克服农村人口的效应，从而保护了农村的森林、土地等生态资源，不因人口超负荷而被肆意破坏。无论从哪一角度、哪一笔账来算，农转非劳动力人口对积压在农村的劳动力人口带来的经济效益、社会效益、眼前利益或长远利益都是具有乘数效应的。

从以上分析中，我们可知，西方发达国家规模化、商品化的现代农场经济的政策，虽然不直接和明朗，但也可窥见一斑，就是首先解决了人地矛盾，即解决了人多地少的矛盾。而工业革命正为解决人地矛盾提供了一个机会。采取强制国法或城市化自由迁徙和工业化自然拉动的办法，把千百年在农村种小块土地的农民吸引离开土地和农村，以便留下大片土地给留在农村的少数农民集中起来耕作，以获得相当于城市劳动成果所带来的利润率，获得相当于甚至高于城市人均收入的收入。随着农村人口不断向城市转移，一方面不断扩大了城市的生产能力和增加了创造的工商业物质财富，另一方面不断扩大了农业土地经营规模商品率。这样，劳动力人口转移不但没有使农业衰落，也没有增加城市负荷，反而为农业规模经营、商品率提高、家庭农场实现创造了前提条件，为城市扩大第二、第三产业创造和增添了工商财富。这是一举两得、两全其美的政策。此外，西方发达国家在进行工业革命过程中，放开农产品价格，让农产品按市场价格随行就市，国家政府不控制和指定农民种植的品种，而是鼓励农民根据市场需求自行决定种植什么。如果国内农产品市场饱和，国家政府则为其排忧解难，通过外交渠道打开国外市场，并且通过减少或消除关税的方式为农民提供便利，以便顺利出口。此外，农产品丰收价格下降时，国家政府进行收购，以保证农场主第二年的生产积极性；对于歉收年，价格上涨，政府不作强行的压价收购，而是抛出库存以平定粮价，稳定农场主的生产积极性。国家政府既不在市场经济中与民争利，又能够在市场经济调节失效时起补缺作用。

继西方工业革命完成之后，亚太新兴工业国家和地区也开展了工业革命，在实现人口城市化、工业化的同时，也实现规模化、商品化和现代家庭农场经济的奇迹。这说明，工业革命带来的工业文明和家庭农场的现代农业文明绝不是西方国家的专利，而是全人类都可以实施和使用的手段与途径。与西方走向现代家庭农场经济相比，其成功的道路和手段是大同小异的。如果硬要找出它们之间有什么差异的话，有如下几点：一是时代条件。当时的西方国家在全世界都处于封建社会、奴隶社会的形态基础上开展工业革命和人口城市化、工业化及孕育家庭农场；现在则在资本主义、社会主义、民族主义并存的世界大格局的时代条件下开展工业革命和人口城市化、工业化及发展现代家庭农场。相对而言，现代的新兴工业国家和地区进行工业革命的条件更加有利。二是国家政府的作用更加突出。在近代西方工业革命中，除英国当时急于开拓世界市场需要圈地养羊解决毛纺工业的原材料来源和需要劳工进城做工而强迫农民进城不得留在农村外，法国、德国、美国等都是采取完全自由和自发的态度，任由农民自主自愿地随意选择转业和居住的地点。这样，大批进城就业的农民还是一次性终身转移为城市化、工业化、商业化人口，只有小部分农民在城乡之间流动居住和择业，最终还是农村人口不断下降，而城市人口增至80%以上，以致与英国一样城市人口比重过大，导致人口数量的下降和负向增长。由于有西方国家的成功经验在先，新兴工业国家和地区有意加强和发挥政府在人口城市化、工业化及规模化、商品化的市场经济方面的作用，即动员吸引种小块土地的农民弃农进城就业，把土地转让或由政府按土地等级价格收购，然后再按既定的价格售给种田能手户，以扶持留在农村种田的农民扩大规模，向家庭农场经济过渡。如我国台湾地区在20世纪50年代开展工业革命时，实行了与工业革命相应的土地改革政策，促进小农制经济的解体和家庭农场经济的形成，这就是耕者有其田、公地放领、三七五减租。为了减少农业户和农业人口，解决人地矛盾，规定了种田最小规模和最大规模，对达不到最小规模的农民，希望他们要么扩大田块，要么弃耕转让后进城就业，两者必选其一。对选择扩大田块者，政府把大地主超过上限的土地征购过来，按规定价格转售给种田户，使其达到规定规模，土地价格相当于该土地两年半的总收入，以在10～20年还清地价。如果农民当年经营除了成本外，个人得37.5%以上的收入，需交租，如个人只得到37.5%或以下的收入，可以减少或减免当年租金。政府为保证种田户能种上最低限度的土地，把大地主的土地收购过来，转让给种田户；没达到下限面积、不愿增加耕地又不想种田的农户，则可以把土地转让或租让出去，自己进城务工经商，或在租用自己土地的农场主的农场里打工，既有打工收入，又有地租收入。经过几十年努力，台湾地区不但创造了举世瞩目的工业文明的奇迹，而且同时实现了现代化的家庭农场经济。20 世纪 50 年代，台湾地区农村人口从占人口总数的 50% 下降到 20%，劳动力人口从占 60% 下降到 13%，而台湾地区由每年自给农业变成每年都有大量农产品出口的现代化商品农业。台湾地区的经验不过是新兴工业国家和地区的工业革命成功的一个缩影，也为今后发展中国家和地区开展与实现工业革命提供了可借鉴的成功经验，指明了发展道路。

8.3　家庭农场是解决农业问题的最佳途径

如何解决农业问题，是所有发展中国家面临的共同问题，也是联合国粮食及农业组织一直关切的全球性问题。发展中国家主要是一些经济不发达的国家，占世界国家总数的 70%，人口占世界总人口的 2/3，这些国家共同存在的经济社会特征体现在：第一，产业特征。以农立国，农业既是国民经济的基础，又是众多劳动力从事的主控产业。80% 的人口在农村，70% 以上的劳动力集中在土地上从事种植农业或牧业。第二，生产力特征。普遍以传统的人畜力、肩挑手推的传统工具为主，偶尔辅助使用机械工具。户均生产经营规模过小，田块过小及收益低下，客观上限制了对机械化生产工具的需求，手工操作人畜力并用的传统农业生产工具仍然是这些农业国家的主要生产工具。第三，经营方式特征。如国有农场、集体农场、公社式的共耕制、均包到户的均田制等。第四，政府行为特征。有为而治，集权控制，从生产到经营流通分配全过程，政府均有终决权和指挥权。如何时播种、种什么、不种什么、种多少、何时管理、管理用些什么肥料和农药等，政府压价征购一般比市场价格低一半以上，甚至低于农产品的生产成本。农民剩余产品出售，也有价格控制。农产品多了可以降价，然而少了却不能提价调节供求、刺激生产，压制价格最终带来农业生产的惰性束缚。农产品长期处于短缺危机，只好靠定量凭票证排队供应。政府为了保证供应，则又进一步向农民征购，收购库存、仓储，居民常吃到隔年大米。第五，生产关系特征，即所有制关系。首先强调国有至上，其次是集体所有制、集体共耕制，国营农场实行工资制，工厂化、机关化的按钟点上下班。集体共耕制也是一样，集体劳动只不过是不发工薪，而是按工时计分，年终按计分分配。第六，生态环境特征。众多的小农挤在土地上乱砍滥伐，以林木作为燃料或建筑材料。随着人口的增长，不断垦荒扩大种植面积，实行粗放的广种薄收，水土流失严重，土地沙化，地力下降，产量在徘徊中呈下降趋势；为了增加产量过度投入无机化肥，增加了生产成本，又进一步弱化了地力。第七，社会结构特征。城乡二元人口结构泾渭分明，80%的人口居住在农村，聚族而居。中国的族姓像印度的种姓一样在农村社区中具有顽强的势力和社会表现力。第八，人口增长特征。因为农村社区人口占总人口的80%以上，农村人口增长率居高不下，行政手段中的计划生育手段可见效于一时，但未能从根本上解决问题。第九，农村劳动力人口收入特征。农村社区人均收入往往低于城市，一般为城市就业人口平均收入的1/4～1/3。第十，人力资源的配置特征。初级人力资源过剩，而高级人力资源贫乏。初级人力资源不能自由流动，而是由政府计划调配，再加上人口迁移的控制，初级人力资源流动十分困难；而高级人才资源流动相当容易，但流出多，流入少。

以上这些是所有发展中国家都存在的特征，也是发达国家在发展之前曾经存在的共同历史特征。它们经过工业革命的阵痛，“降生”成为家庭农场经济，家庭农场进行的规模化、商品化又成为发达国家农业社区的共同特征，这些发达国家家庭农场的共同特征包括以下几个方面：

第一，适度规模经营。所谓适度规模就是家庭农场种植面积比小农制时的均田户要大，且连片集中。何种规模为适度，因国家和地区而异，主要看国家和地区的人地比例情况。人地比例高，那么适度规模就大些，反之则小些。如美国、加拿大、澳大利亚等，人少地多，适度规模就大，平均每个家庭可耕1 000～3 000亩土地；而人多地少的日本和中国台湾地区等，每个家庭农场只有2～6公顷，即30～90亩。

第二，机械化生产。由于工业革命的引导，农村劳动力人口减少，旧的人地矛盾解决；新的人地矛盾是人少地多，迫切需要使用机械化经营，才能抢上季节，获得农产品丰收。机械化包括播种、管理、收割、风干运输和仓储的加工销售全部机械化。

第三，商品率很高。由于实行机械经营，劳动生产率提高，家庭农场在既定的自给消费相对稳定。经营规模越大，商品率就越高，机械化生产既使农产品生产成本降低，又使农产品利润增加。农产品的商品率转化为货币，再由货币转为农业机械化、电子化设备，进一步改善农业生产技术。农业生产技术和管理现代化水平持续提高，农场主的年收入便逐步高出城市家庭的年收入，并拉开差距，变成农村户收入高出城市户收入许多，形成现代化的新型城乡关系。

第四，产业特征的工业立国。工业产值高于农业产值，工业成为主导产业，并不断地超越；到一定时期，第三产业又超过第二产业成为主导产业。

第五，生产组织特征。家庭农场普遍实现农业机械化、自动化、电子技术化。尽管也有某些手工劳动状态，但已不多见。农村的生产率和农场经营者收入使传统农业的农户无法望其背项。耕田苦、耕田收入低已成为历史。

第六，生产关系特征，实行土地产权私有化。发达国家的农场土地为农场主私有，任何社会组织和个人都不能随意侵犯、霸占。也有租地农场，或半自有半租地的农场，但租期长且稳定，租金合理。

第七，政府保护农业，补贴农场，却不直接干预经营。政府对农场的生产经营全过程不干预、不设置障碍，价格不受控制；而且为了鼓励生产，政府拿出一定资金补贴生产。在丰产年粮价跌时，政府起价收购，以便仓存，保护农场主来年的生产积极性；并在歉产年抛出来保护市场，防止粮荒过度涨价而损害消费者利益。既保护生产者，又保护消费者，政府起了轴心作用。

第八，社会结构特征。一元社会经济结构，城乡差别消失。由于农村人口大量转化为城市人口，而城市人口对农产品的需求到一定程度时又进入稳定时期。农村人口由于大量减少，家庭农场已不必依赖乱砍滥伐来解决燃料和建筑材料需求，他们可以像城市人一样，使用电力、煤气，居住在用钢筋水泥建筑而成的楼房里。这样，自然生态环境被有效地保护下来，山野、乡村公园化，成为城市人向往旅游和度周末的理想之地。

第九，人力资源配置。人力资源配置是一个动态过程，它随着产业发展的提高，由一个产业向另一个产业转移，最初是由农业向工业转移，继而又由工业向第三产业转移。这种人力资源配置完全是自由自主的，政府只起疏导和促进作用，使基层产业的劳动力顺利地往上层产业流转。

第十，人口增长特征。发达国家的农场经济的人口如城市化一样，人口生育一般为1～2个，最多不超过3个。从整个国家来说，人口已实现低增长、零增长或负增长，如家庭农场早已实现的英国、法国、德国、意大利、美国、加拿大，以及新家庭农场实现历史不长的日本、中国台湾地区等，人口已开始进入零增长时期，甚至有负增长的趋势。提倡多生孩子成为这些国家和地区控制人口过度下降的重要举措。

从发展中国家的传统农业特征与发达国家的现代农业特征来看，两者的差别是非常显著的。发展中国家的农业既没有解决工业问题，也没有解决农业问题；发达国家不但解决了工业问题，而且解决了农业问题。农业国家众多劳动力人口并没有解决农业生产问题，反而加剧了农业的恶化，限制了城市工商业的发展；而工业国家众多的劳动力云集城市从事工商业，不但解决了工业问题，而且解决了农业问题。看来，发展中的农业国与发达的工业国特征的差别固然多，然而归根结底主要是由两个差别造成的：一是规模，就是经营要有一定的规模，过小了不仅不能享用机械，更主要的是没有商品率。要做到适度规模，必须解决人地矛盾，以各国城市劳动力人均收入为基础，农村劳动者人均耕地面积的利润必须保证达到或超过这个人均收入。二是土地产权制度的私有化。发达国家的家庭农场的总规模虽然由政府控制一定的上限与下限，以防止过度兼并土地形成农业土地寡头，但在规模限度内，土地产权都是私有制，政府和社会组织及个人都不能侵犯霸占；而在发展中的农业国家，土地是国家所有、集体所有，农民没有经营权，所有权是国家或公社集体的，农民没有明晰的产权，也没有积极性、责任感和原动力。均田制包租到户虽然权、责、利到户，但因为经营规模过小，仍然无法产生发达国家那样的农场经济效果。这两个差别便决定了其他方面的差别，也就是这两个差别的具体化。发展中国家实现这两条路，不是天上掉下来的，而是工业革命带来的。发展中国家由于没有像发达国家那样发展工业革命，因而没有创造和形成使家庭农场得以诞生和成长的条件。在这样的环境和条件下，尽管发展中农业国做了许多探索，从均田制到集体共耕制、公社制，集体共耕制、国营农场制的道路走不通之后，又回到均田制的道路，来回变换，反复实践，但始终没有一个发展中农业国能够解决农业问题，反而越来越严重。这从反面告诉人们：没有经过工业革命的发展中农业国想实现现代家庭农场经济是不可能的，只有像发达的现代化国家那样，开展一场工业革命，推动人口城市化、工业化，解决人地矛盾来实现规模经营，实现土地产权私有制，才能解决家庭农场经济赖以运行的经营体制问题。此外，再没有更好的选择。如果哪一个国家决定要走出一条与发达国家截然不同的农业发展道路，只会拖延时机，反复折腾而日益拉大与世界现代化国家的差距。

8.4　家庭农场是现代农业的经营主体

家庭农场是欧美资本主义国家创造的一种先进的农业生产经营制度与经营模式。虽然已有一两个世纪，但家庭农场作为人类文明的成果，并没有随着时间的流逝而衰退，反而日益显示出生命力和重要作用。亚太新兴工业国家和地区能够顺利地实现家庭农场化，就是欧美国家家庭农场体制和模式的示范作用的结果。没有经过工业革命，这些国家还将在小农制的漫长道路上徘徊和折腾。实现家庭农场化的国家和地区均普遍实现了由传统的自给农业变为现代化的商品农业，人们都过上了农产品丰裕而工业品富有的文明社会生活，还有大量的农产品出口，供给人口众多的发展中农业国。

家庭农场作为一种为实践证明行之有效的理想模式，不仅可以在资本主义国家实践，也可以在社会主义或民族主义国家实现。社会主义和民族主义国家几乎都实行土地国有制。国营农场和集体农业以及政府控制农价的压价征购的共同特征，采取的“杀鸡取卵”政策，使农业处于一种十分脆弱的境地。只要坚持这种土地制度和政府控制价格模式，发展中国家的农业问题就永远不可能解决。苏联建立世界上第一个社会主义国家之后，首先实行集体农庄和国营农场制度，虽然也实践机械经营，但是产权制度是国有制和集体共耕制，产权的弱化对农庄的农业生产积极性没有激励作用，因而机械化并不能代替产权制度明晰而提高劳动生产率。因为机械靠人去操纵，人无积极性，机械化就不能自动起作用。不但苏联如此，东欧其他社会主义国家也是类似的情况。中国从合作化到人民公社集体共耕制，再到承包均田制，又到今天的股份合作制，几经反复，平均不到 8 年变动经营体制。由于工业革命没有解决人地矛盾，在人多地少、人均土地面积的耕作收入远远低于城市人均收入的前提下，不管采取哪种经营体制都不能走出因规模过小而存在的困境。20 世纪 50 年代初的均田制和 80 年代的均田制，虽然权、责、权到户，但农民经营农地每户不到 1 公顷，50 年代算有 1 公顷左右，但没过几年马上又转入合作化。合作社是以农地和工具入股合作，与今天有的地方试行农业股份合作制有相似之处，但这样的形式并没有解决人地矛盾，只不过是把人均有等量的土地集中起来耕作。在一定的农业生产技术水平下和既定的经济地理条件下，人均土地面积不变，集中起来经营还是分散到户，其产量产值是基本一样的，相差不大。只有人地矛盾解决，即由人多地少变成人少地多时，采取不同的经营体制才能有显著的效果差别。采取国营式或公社集体共耕式都不能产生应有的经济效果，如果采取家庭农场式或农业股份合作式，其经营规模是相当的，经济效果是不同的。

某种意义上，如果股份合作制在管理上搞不好，还不如家庭农场型经营的经济效果好。如果同量的户有土地，一户入股，另一户独立建成农场经营，那么入股合作经营权、责、利已经交托在股份制农场董事会手中和经理手中，已经不是自己直接经营了。如果管理不好，股份利益未必能实现利益目标最大化，倒不如家庭式农场经营的效果好。20 世纪 50 年代中国合作化运动中的初级社、高级社就出现过由股份产权不明确、股多股少没有界定、利益没有差别导致的一些农民拉牛退社的现象，这就是一种对股份合作农业组织、产权股权界定不清的消极行为。这种行为对农民来说也是为了维护产权利益的积极行为。然而，今天的股份合作农业并不是建立在人地矛盾解决的基础上，人们不过是把分散均田集中起来经营而已，集中起来入股者一平均还是原来的数量，这是一种数量上的简单增加，并无助于农业规模商品化的现代农业问题的解决。我们知道，国营农场也是人多地少，为什么规模化不能产生商品化的经济效果，这是因为产权问题没有解决好。而均田制均包到户，为什么不能解决实现家庭农场的商品化问题？这是因为规模过小，把均田制的小农户集合起来形成股份合作制经营，表面上规模扩大了，但生产效果按入股者一平均又很低，甚至还要低于均田制的小户经营成果。因此，适度规模和产权私有制是解决农业问题、发展现代农业的两条根本出路。一些国家因为意识形态障碍而不愿承认私有产权，反复试验，不管试验多久，如何反复都不可能找到比这更有效率的理想的农业发展道路与模式，最终还是会选择回到这条道路上来。

8.5 人口城市化有助于家庭农场化规模扩大

发达国家的家庭农场及其城市化、工业化等现代化程度很高，迄今为止，城市化程度高的国家是美国、加拿大及西欧各国，如美国城市化人口占总人口的95%以上。这些国家占世界不到1/10的人口，却生产了占全世界65%的财富，这得益于发达国家的工业革命、产业革命所带来的社会经济产业的全方位结构性转变。这些国家在尚未实现人口城市化、工业化和家庭农场经济时，也和许多发展中国家一样是传统农业国家。它们由农业社会向工业社会的转变不是一帆风顺的，而是经过一场产业革命和一场阵痛的代价才换来的。这场革命和阵痛对所有国家和地区向工业文明社会过渡都有普遍的借鉴和指导意义。

下面，我们介绍几个国家的经验。为了便于认识和理解，我们把这些国家的做法归纳为三类情况：政府强制推动型、自发推动型和政府引导型。

8.5.1 政府强制推动型

确立工业为主导产业之后，依靠国家政府的力量排除一切障碍以加快工业化、城市化进程。这种做法出现在世界工业革命的先驱国家——英国。1640年英国资产阶级革命成功之后，开始了第一次工业革命，主要是开始“羊吃人”的圈地运动。资本家为了取得羊毛作为毛纺工业的原料，通过政府的行政手段，对农村小农制的自给经济进行分化瓦解，把分散的土地集中起来，改为养羊而不种粮。然而，由于土地制度的封建性，农民依靠土地为生，一旦失去土地就没有安全感，虽然欧洲有经商传统，但是种惯土地的农民还是留恋土地，因此圈地遭到农民的反抗，迫使一些被圈成牧场、农场的地方重新又分散回到农民手中。因此，第一次圈地运动并没有彻底实现。

事隔两百年之后，1864年英国资本主义在对外扩张中迅速发展，在世界各地建立自己的殖民地，资本主义势力从英国渗到各地。随着殖民地的增加，市场也全球化，英国政府为了“满足”世界市场需求，竟然再次开展圈地运动，并且通过法制形式来瓦解分散的小农经济，如强制被圈地的农民离开农村土地进入城市做工，有些上了年纪的劳动力不习惯城市工厂的劳动而倒流回农村被抓获时，第一次登记警告，第二次倒流回农村者的胸或手臂上被刺烙上“S”字符，意即流浪汉英文的第一个字母，第三次抓获时送回城市关禁或坐牢。在这样的强制转移下，农民倒流农村的现象大大减少，而城市的劳动生活又使他们开始逐渐习惯和适应，于是他们在城市结婚、生儿育女。这样，英国的第二次圈地运动宣告成功，大批土地成为牧羊场，大量的羊毛、羊肉等纺织和食品加工业的原料被生产出来。英国的小农制农业从此被家庭牧场和家庭农场取代了。此举不但促进了工业的发展，而且农业生产结构也发生了结构性变化，即由原来的以粮食为主的农业生产变成以牧羊为主的农业生产，由此也引起了人们饮食结构的变化，食物由以粮食为主变成了以肉食为主，这也提高了英国农民的身体素质。因此第二次工业革命和圈地运动是非常彻底的。如果第一次工业革命的圈地运动未能摧毁封建土地的小农制经济基础，那么第二次工业革命的圈地运动则彻底地摧毁了封建土地的小农制经济基础，因而在此基础上迅速开拓世界工业市场和企业众多的殖民地，使英国成为18—19世纪主导世界的强盛国家。

8.5.2 自发推动型

没有政府的行政性导向和干预作用，劳动力人口自发地向城市化、工业化转换的过程称为自发推动型。自发推动型的典型国家有法国、德国、美国等，继英国之后，欧美国家都是采取这类办法。法国历经封建社会的时间很长，人们的故土观念比较浓厚，在法国工业革命中产生的人口城市化、工业化对传统农民的生活生产传统观念的确冲击很大，许多人开始并不适应，也不愿意随城市化、工业化需要由农村向城市迁移。他们许多人是等待观望，先由一部分进城农民试探就业，如果这部分人说好就可能带动更多的农民进城做工，如果说不行，他们就不再往城市跑而留在故土。因此，法国虽然在《人权宣言》中规定，人们的居住择业和流动是自由的，但真正要让他们流动选择时，他们当中的许多人又犹豫不决，没有任何政府意志强加给他们，他们可以进城，也可以留守农村。没有政府的导向和施加任何行政性的影响，法国的工业革命也能成功，但人口城市化、工业化的实现速度要比英国慢得多，其城市化、工业化的人口所占总人口的比重要低得多。然而，法国的西方自由民主精神彻底冲垮了法国的封建制度及观念，这在封建历史漫长的国度也是难能可贵的。法国的自由民主精神不仅表现在择业、居住和流动上，男女的交往方面也是相当开放，对外文化也能够兼容并包。法国的农村劳动力人口转移虽然慢一些，农村劳动力比重还略高于同时代的发达国家，但其生育观念则比较开明，并不像东方国家那样因为农村人口比重大而人口生育增长率居高不下，其城乡人口增长率都是较低的。所以法国在经济增长方面免除了人口增长的压力，而保持适度的速度稳定向前发展，并成为欧洲的发达工业化国家之一。

美国的农业劳动力人口向城市转移也是自发型的。19 世纪初的美国还是一个农业国，90% 的人口和劳动力人口集中在农村从事种植业。然而随着前往美国的移民的增加，欧洲一些商人进入美洲这块土地，把工商开发观念意识及工商技巧也带了进来，在开发的同时也把先进的工商业经济制度和文化带到美洲大地上。西方人聪明狡猾的工商意识和东方人的诚实吃苦精神都在这块土地上生根发芽，逐渐培养和形成一种俭朴、开拓、拼搏、进取的特有的美国精神。19 世纪中叶，美国开始了工业革命，经过半个多世纪的时间，竟然完成了人口城市化、工业化的奇迹：1860 年美国的农业人口还占 83.9%；1900 年农业人口下降到 40%，城市化、工业化人口则由 16.5% 上升到 60%；到 1991 年农业人口则下降至 5%。当美国的农业人口占总人口的 80% 时，美国的农业并不发达，也和今天的中国和其他发展中国家一样是一种自给农业，剩余率和商品率都很低。随着农村劳动力人口和农村人口的递减，农业产品剩余和商品率才不断提高。因此农业劳动力人口及农村人口减少并不影响农业的发展，也没有增加农业的负担，反而促进农业商品率的提高；农村劳动力向城市转移也并没有加重城市的负担，而是促进了城市工业的发展，为城市工业产品市场和农产品市场创造了广阔的市场空间。美国从传统农业向现代农业的产业转换也和西欧工业化国家一样，是伴随工业革命的进程而完成的。

美国是个移民国家，它的人口来自世界各国，世界各民族最优秀的民族精神兼容并包，形成美国的独立精神——崇尚自由、平等和独立奋斗。在美国的国土上，人们没有什么故土观念、家乡观念，哪里有发展就往哪里流动，哪个行业有前途就往哪个行业发展，不依赖国家政府。美国公民一成年就有了很强的独立意识，他们会意识到自己这辈子应当做什么，怎样度过一生。他们一生的命运设计完全靠自己，而不依赖政府、组织或他人。他们就业和流动是非常自由的，在一个地方、一个企业单位工作得不愉快或受到损害和威胁时就毫不犹豫地流动，再选择新的行业岗位，而且国家政府和法律是保障公民这个流动和择业的自由度的。这就培养了美国人独立、流动和奋斗拼搏的竞争精神，这也就是美国民族性格和精神的精华所在。这种精神创造出世界上最巨大的财富，使美国成为世界最年轻、最强盛的发达国家，至今领先和主导了世界近一个世纪。

8.5.3 政府引导型

政府主导是具有亚细亚生产方式的特征。亚细亚生产方式，就社会形态的演进而言，马克思用它表述社会形态演进的起点。而后由于原始社会的科学发现而放弃这个概念，就东方社会发展的道路而言，并未放弃这个概念，而是借助它的特定内涵得出东方国家社会独特发展道路的结论。在东方国家历史中，一种特殊的生产方式是国家以农村公社为基本社会组织，国家在社会生活中管理农村公社，国家指挥农村公社来进行大型工程建设。亚细亚生产方式的重要特点是土地公有，不允许土地自由转让，儒家思想文化意识占统治地位。在亚细亚生产方式下，东方国家普遍具有专制主义特色，民主自由的思想也很难产生。与欧美地区相比，亚洲地区具有更悠久和更顽强的封建专制积习，缺乏自由、平等的近代先进思想文明意识的洗礼。因此，亚洲地区的国家地主制和小农制是超稳定的。在封建社会，土地是封建皇帝、官僚贵族和地主赖以剥削的工具和手段，租佃也是农民赖以生存的依托。交不起租、失去租地的农民就只能以流浪、乞讨为生，因为在封建国家，皇帝和封建政府对人身和人口的活动控制是非常严密的。中国的户籍制、印度的种姓制等十分残酷，农民世代被束缚在土地上，不能挪动一步，更不可随意改变居住空间、职业和身份。

基于这些原因，在亚洲地区实行工业革命和人口城市化、工业化远比在欧美国家实行人口城市化、工业化困难得多。亚洲国家和地区在开展工业革命和实行人口城市化、工业化的进程中，劳动力人口向城市化、工业化转移的阻力是很大的。许多农村劳动力人口由于受传统观念的影响制约，不为城市化、工业化的潮流所动，这就影响了城市化、工业化的发展和劳动力素质的提高。这些国家和地区为了保证农村劳动力大规模地向城市化、工业化转移，就开始发挥政府的指导作用，促进人口流动，如日本、韩国和中国台湾地区都是在政府的积极指导下加快农村劳动力人口向城市化、工业化转移的。日本自从1860年明治维新学习、引进和实行资本主义制度后，开始发展资本主义工商业。虽然日本的农村劳动力人口开始向城市转移是自愿自由型的，但比较缓慢，相当一部分农民在封建土地制度的控制下，不能彻底离开土地，开辟新的居住空间和社区环境，这时日本的农村人口仍保持在60%以上。1935—1945年日本工业因忙于对外侵略而停顿。1950年日本的农村人口、劳动力人口仍然高达55%。“二战”后日本在战争的废墟上实行战后经济复兴，在美国的保护和援助下又开展了工业革命，推动劳动力人口向城市化、工业化转移。1950—1955年恢复时期，农村劳动力人口转移了110万到城市，平均每年农村向城市转移25万。高速发展经济时期，尤其是1961年政府颁布《农业基本法》，即改粮食自给为牺牲农业、保全工业化的政策后，农村涌入城市的人口势如潮水。1958年在原来基础上翻一番，达到54.2万，1960年又增加到74.6万，1965年达到85万，1970年达到79.3万，到了20世纪80年代最高时竟达到300万。1950年第一产业就业人口占全部就业人口的比例还高达48.3%，1970年降为19.3%，而第二产业就业人口比例由21.3%上升到34.1%，第三产业就业人口的比例从29.7%上升到46.5%。1950—1970年日本的第二产业与第三产业的就业人口几乎同步增长，速度相当，前者增加55.7%，后者增加56.6%，这比欧美人口按部就班式的递进转移显然越过了一个阶梯，重要原因是政府主导下的人口转移是人口产业转移政策成功的标志。

1950年，我国台湾地区的农村劳动力人口占52%，农村人口占总人口的60%以上，正处于人口城市化的中期，农业小农制自给经济还相当严重。后来，台湾地区在美国的援助下大力发展城市工业，吸引农村劳动力人口向城市转移。为了加快农村劳动力人口向城市转移，满足工业化对劳动力市场和消费市场的需要，台湾地区通过实行土地改革，推行土地重划、三七五减租、公地放领、耕者有其田和辅导转业的政策，对小农制形成的分散、零碎不平的土地进行成片规划，建设机耕运输的大道和排灌设施，便于农田的专业化、分区化管理。对耕田农民规定土地占有量的上限与下限，对土地过度集中的地主超过规定的部分由“政府”收购，作为公地有偿转让给有志种田但又不够下限规模的农户。农户向“政府”购买土地按“政府”统一拟定的级差地价，分10～20年内付清买土地的款，使小农制逐步变成适度规模的家庭农场。农户每年的农业收入扣除25%的农业生产成本，毛利占75%，农民与“政府”分利各占37.5%。如果农业成本高于25%，农民收入必须在保证达到37.5%的前提下才交税；如达不到，“政府”进行减租以保证当年农民的收入和生活。当局为了保证农民诚实交租税，地租按亩数和土地等级价格进行核定，对于没有田又不愿领购公地的农民，“政府”负责对其进行辅导转业，促使和帮助其离土离乡，向城镇转移进行务工经商，这样土地分散的小农制自给自足变成相对集中在能手户，形成适度规模的家庭农场经济，由小农制户均不到0.5公顷到1980年户均1.6公顷，农户的收入也由接近城市户均收入到超过城市户均收入。城市人口占83%，而农村人口下降至17%。城市人享有的小汽车、电脑等，农村人也一样拥有，而且农村人拥有别墅的比例比城市人要高得多，城乡差距已消失，机械化、自动化已全面武装农业生产，千百年来面朝黄土背朝天的传统小农制已成为历史的陈迹。

8.6 英国家庭农场发展的案例

英国家庭农场的起步阶段。16—18世纪，创办家庭农场的首要条件是家庭必须有一定的土地使用权，而家庭获得土地使用权的主要途径是购置或租赁土地。16世纪英国土地市场开始发育，土地出售主要来源于宗教革命没收来的大量教会地产，以及皇家因财政紧缺的地产出售，这使一些富裕的农民有机会购置土地。尽管如此，当时绝大部分农民还是没有能力置地，只能依靠租赁土地维持生活。16世纪英国的土地租赁制度主要有两种：一是公簿持有制，所谓的公簿就是租赁合同，公簿持有农户在公簿中的土地使用权与收益权受到习惯法的保护，领主不得随意增加地租或退租。土地的租期很长，多为终身甚至可继承的租期。二是租地持有制，这是源于14世纪黑死病流行期间的土地租赁制度，当时很多土地无人耕作，领主被迫以较低的价格出租土地。16世纪初，英国随着经济的发展，土地资源格外紧缺，地租快速上涨，因此出租土地成为土地所有者牟取利益的有效手段。与此同时，富裕农民也有机会通过租赁的方式兴办家庭农场。

英国家庭农场的调整阶段。18—19世纪，英国废除了敞田制并确保了私有制的土地制度变迁。敞田制是私有产权与共有产权并存的土地制度。17世纪英国革命结束后，代表土地所有者利益的议会执掌国家大权，开始了由国家法令指导下的议会圈地，对每个申请圈地教区的个人土地私有产权逐个进行界定和确认，终于在19世纪中叶确立了完善的土地私有制。土地私有制的确立对土地所有者产生了极大的激励作用。正如新制度经济学所解释的那样，产权的明晰不仅有利于克服"搭便车"现象，还有利于交易费用的下降，使产权主体可以获取更多的利益并产生激励作用。19世纪出现了土地所有者大量并购土地的现象，导致土地经营规模扩大，雇工农场发展起来了。面对激烈的市场竞争和大型雇工农场的排挤，一些家庭农场为了谋求更好的经济效益，主动卖掉私有土地并租赁较多的土地，而转为租地农场主；另有一些家庭农场艰难地维持现状或被迫破产。一些大型雇工农场取代了经营不善的家庭农场，家庭农场的数量已减少到农场总数的1/4以下。

英国家庭农场的稳步发展阶段。20世纪初，英国土地私有产权从少数大土地所有者手中转换到大多数农民的手中。究其原因主要有以下三点：一是产业结构的调整。产业结构的调整使农业投资转向了利润更加丰厚的工业投资，大土地所有者减少土地出租，转向工业投资。二是地租的下降与地产税的增加。1921—1936年地租下降了25%，而地产税却不断增加。在1894年地产税开征时税额很低，而到了1919年时价值200万英镑地产的税收已为地产收入的40%，利润空间的缩小使得一些土地所有者被迫将土地出售给原来的租地农场主。三是国家干预限制了土地出租者的利益。1906年、1923年颁布的《农业持有地法》和1941年颁布的《农业法》使土地的租赁权更加稳定，并且租期可以延长到终身。由于损害了土地出租者的利益，出现了停租或卖地现象，1920—1960 年有 40% 的耕地被卖给了农民。

20 世纪后，随着更多的农民获得土地私有产权，自营家庭农场的数量大大增加了。此时，英国政府加强了宏观调控：一方面，对家庭自营农场实施了许多优惠政策，如经济补贴、价格支持、农产品进出口优惠等，促进家庭农场的稳步发展；另一方面，为了提高农业的规模经营效益，政府通过立法、补贴等措施大力促进农场的兼并。1947 年的《农业法》规定生产效能低的小农场要进行合并；后又规定农场要拥有 80～100 公顷土地，并根据种植面积、销售数量和技术改造等情况进行补贴，农场越大，补贴越多，于是促进了许多家庭农场的兼并或联合。1970—1979 年，英国农场总数减少了 14%，特别是中小规模农场减少了 52%，而大规模农场却增加了 18%。随着英国农业机械化程度和服务社会化程度的提高，家庭在雇工减少的情况下能经营较大规模的农场。据统计，20 世纪 80 年代中期，英国大约有 75% 的农场没有雇工。可见，自营家庭农场已成为当今英国农业生产经营的主体。

长期以来，很多学者都在研究英国经济崛起的原因，20 世纪新制度经济学的问世使研究有了新的进展。新制度经济学家道格拉斯·诺斯认为："有效率的经济组织是经济增长的关键；一个有效率的经济组织在西欧的发展正是西方兴起的原因所在。"也就是说，英国的崛起与有效率的经济组织在英国的发展是紧密相关的。

英国从落后的农业国发展为工业化强国的过程中，家庭农场的确发挥了有效率的经济组织的积极作用。这是因为以家庭成员为主要劳动力的经济组织有着自身的优势，亲缘关系和共同利益紧密结合，而且他们所拥有的土地使用权和受益权从根本上保障了家庭成员的收益，进而可以产生激励作用并促进经济效率的提高。由于家庭农场是一个有效率的经济组织，我们有必要研究英国家庭农场的演变，从中可以得到两点启示。

一是土地租赁经营是家庭农场起步的主要途径。土地租赁制使英国一些缺少土地私有产权的家庭获得了土地使用权，从而得以兴办租地家庭农场。英国家庭农场从租赁经营起步的经验告诉我们：第一，家庭农场既可以通过土地私有产权来发展，也可以通过土地租赁经营的方式起步，并不是非要土地有私有产权不可。第二，家庭农场经营是最适宜农业经济发展的有效形式。改革开放后，我国实行了家庭联产承包责任制，它的突出特点就是以家庭经营为主体。事实证明，家庭经营符合农业生产的客观规律，是一种有效率的经济组织。党的十八届三中全会鼓励农民通过土地流转兴办家庭农场等规模经营主体。通过租赁实行土地流转，既可以促进土地的规模经营，又可以确保农民的自主经营权。

二是适度规模经营是家庭农场持续发展的关键。适度规模经营是家庭农场的本质要求，因为家庭农场成员的劳动能力是有限的，所以经营规模相应也必须是适度的。英国家庭农场的发展曾经走过一段弯路，在18—19世纪农业机械化、社会化服务程度还不高的情况下，农场经营规模发展过快，许多家庭农场在大型农场排挤下被迫破产。直至20世纪后，在政府的扶植下，英国家庭自营农场才得到了稳步、健康的发展。英国家庭农场曲折的演变给人类留下了一笔宝贵的历史经验，其中最重要的是家庭农场的发展一定要适度，既不是越小越好，也不是越大越好，而是适度最好。

9　家庭农场化与人口城市化相向共赢

9.1　家庭农场化与人口城市化相向共赢

家庭农场化是与经济制度文明、政治制度文明相向发展的结果。实行市场经济制度的国家，家庭农场是与经济制度上的自由市场经济相联系的。市场经济国家中的现代化家庭农场，是伴随着发达国家人口城市化、工业化，经历了几百年历史，家庭农场化与人口城市化相向共赢的结果。所以，家庭农场是现代化国家从事现代农业发展的经营组织主体，是一个十分普遍的农业经济组织和经营主体。然而，这在中国还是十分新鲜的。

家庭农场化就是以较少的农业劳动力人口生产原来众多农业劳动力人口才能生产出来的农产品。由于进行规模生产经营，家庭农场化需要使用先进的农业生产工具，实现农业机械化生产；而因为规模化生产商品率高，农产品可购买农业机械。农业机械化的使用又为城市化工业开拓了广大国内外市场，也就促进了城市化、工业化的发展。家庭农场在节省了农业劳动力人口，为城市化工业提供了劳动力资源的同时，又提供了城市化工业在农村的市场。此外，家庭农场的实现所释放的劳动力人口不仅满足了城市化工业的需要，构成城市工业化市场的组成部分，也构成了农村农产品市场的组成部分。因为城市工业产品有一部分也靠本城市消费，而农产品也需靠城市人口机械增长才能产生需求拉动。如果城市人口过少，不仅工业发展规模小，工业农产品的市场容量也小。因此，家庭农场释放的农村劳动力向城市化转移，不仅不会加重城市负担，反而会促进城市第二、第三产业的发展。没有农村人口向城市转移，人多地少的矛盾就不能解决，以均田制为特征的小农经济就不能消除。由此可见，家庭农场与城市化是互为条件的互动过程，绝不能割裂开来，认为搞了一方，另一方就被阻碍了。

在家庭农场与城市化、工业化的关系上谁先谁后，一直困扰着发展中国家，最终影响了产业结构的演进和升级。在两者关系上谁先谁后或同步进行都可以依各国情况来选择。英国采取了先圈地的办法来使小农制破产，规模化的养羊场既解决了取得羊毛的工业原料问题，又解决了城市的肉食供应问题。尽管后来世界各国对此评价不一，但它确实推动了城市化、工业化的发展进程，创造了世界上第一个工业文明的经济大国，并主导和影响了世界两个多世纪，对后来欧美和亚太国家产生了深远的影响。在法国、德国、日本、亚太新兴国家和地区，虽然也有政府对城市化的促进作用，但基本上是靠大量农民逐步自觉自愿和自由地转化为城市化人口的，从而才开始由留守在农村的少数农民对土地进行兼并集中，形成规模化、商品化的家庭农场经营。法国也是一个封建历史特别悠久的国家，人们的乡土观念很浓厚，封建的小农制自给经济根深蒂固。但由于城乡人口没有身份户口的空间隔离，法国农民虽然留恋故土，但也抵挡不了城市化、工业化的吸引，于是小农制的农民劳动力还是自由地向城市化、工业化转移。在新兴工业国家中，政府对小农经济的瓦解作用，主要通过扩大工业投资、加快城市化基础设施建设来吸引和推动农村劳动力人口向城市化转移，从而大量地减少农村劳动力人口和农业人口占总人口的比例。如日本在1950年战后的经济恢复之后，便通过发展城市工业大规模地把农村劳动力向城市化转移，1960—1980年，平均每年“农转非”的劳动力人口有300万左右，最高年份是经济高增长时期，每年“农转非”的劳动力人口达到800万，高于人口增长率5倍，这样城市化的人口增长主要靠“农转非”机械性的增长。日本是一个人多地少、土地贫瘠的岛国，经过城市化、工业化的投资开发吸引农民离乡，从而从总量上减少了农民的比例，农民能够扩大农地面积实现适度规模；另外，政府也十分重视对小农制的溶解，通过土地改革使小农制解体，农民自由进城终身转移，农业实现适度规模。有趣的是与发达国家及新兴发达国家和地区相反，现在的发展中国家，以中国为例，对于城市化进程的政府作用，不是促进，而是遏制。中国对农村劳动力人口向城市转移持否定态度，不是帮助农村劳动力转移进入城市务工经商和终身转移，而是把农村转移出来的劳动力人口抵挡于城市化、工业化的大门之外，因此城市化、工业化并不能大规模吸引和消化农村劳动力人口，农民进城干个几年又被驱赶出城市，回到农村生儿育女，而农民的子女长大后又重复他们父母的老路。因此，在中国现代化的进程中，不像工业化国家那样是农村劳动力日益减少，而是农村劳动力人口日益增加而无法转移和消化。乡镇企业虽然可以容纳一部分劳动力，但他们的身份、生活方式和人口生育观，完全是地道的农民，而且乡镇企业的劳动力人口并不放弃那小块土地。这就使小农制无法溶解，城市化、工业化和家庭农场不能实现，而永远被小农制的经济所困扰。

城市化、工业化推动家庭农场，家庭农场满足城市化、工业化，工业化为什么会推动家庭农场呢？这要从城市化、工业化的实现过程对农场经济产生的作用谈起。在城市化、工业化进程中，农村劳动力人口向城市转移，从而加快城市化、工业化发展的进程，为城市产业分工的广度和深度创造了良好条件。而城市工业的发展可为农村提供机械化生产工具，使农业生产的技术发生变革，极大地提高劳动率，进一步释放出劳动力，让城市的第二、第三产业吸收消化。农村劳动力转化为工业生产资源，而城市工业提供现代化生产工具，促进家庭农场经济的发展。这样城市人口增加和农业人口的减少并不可怕，可怕的是过多农村人口积压浪费在农村，强化小农制自给经济又阻碍城市第二、第三产业的发展和城市规模及城市市场容量的扩展。

因此，城市化、工业化推动家庭农场的发展，主要表现在：城市化、工业化对农业人口的拉动，使大量的农村劳动力人口日益减少，人多地少的旧矛盾变为人少地多的新矛盾，农民有条件扩大土地面积形成家庭农场。由于生产规模扩大，当前传统的手工操作人畜力并用已经不能适应，农民不得不使用农业机械进行生产，否则就种不了这么多的土地。农民一方面有了使用农业机械的压力，另一方面又必须有能力使用。如果没有能力使用，压力再大也不起作用。这个能力就是农民家庭农场经营的农产品，除了极少量用于自给外，绝大部分要用于向城市出售。在农场自给量不变的情况下，家庭农场提供越多，商品率越高，出售给城市的商品量就越高，那么换回的货币就越多。

这些货币可以用于购买农业机械化设备，改善农场生产条件。如对土地重划连片分区进行专业化经营以及采用先进的农业技术等，而机械化的使用、农场生产条件的改善和先进农业技术的运用，又促进了家庭农场经济的发展，形成一种良性循环的滚动发展机制，因此城市化、工业化是推动家庭农场经济的内在动力。

在中国，常有这么一种认识误区束缚着人口城市化、工业化的发展，认为城市工业化一来加重城市负担（这种负担指城市市政投资交通、教育等），二来加重农村农民负担。9 亿多农民种田都养不起 1 亿多城市人口，城市化、工业化增加了城市人口，岂不增加了农业和农民的负担？基于这种理由，于是极力反对和阻挠农村劳动力人口向城市化、工业化转移，以为这样既可以减轻城市的负担，又可以减轻农民的负担。其实这样做适得其反，既不利于城市化、工业化发展，又造成了小农制自给经济的超稳定性，扩大与世界当代文明水平的差距，延误中国的城市化、工业化和家庭农场经济等现代化的历史进程。

其实，农村劳动力人口进城的积极作用和现实意义大于其副作用的影响。从世界城市化、工业化进程来看，任何发达国家和地区的城市化、工业化水平的提高与现代化的实现，都要依靠农村劳动力人口的规模转移才得以实现，而不是依靠城市本身原有劳动力人口的自然增长来实现的。中国这样做，以“农转非”的计划指标 1.5‰的转移率来控制城市人口的机械增加，使城市不能通过农村劳动力向城市化转移而形成机械增长，来推动城市的第二、第三产业的发展。虽然历次经济高潮时都有一些农村劳动力人口转入城镇就业，但这仅仅是阶段性的暂时转换职业，而不是终身转移。这些人在二十世纪七八十年代被称为“盲流”，90 年代后才被称为“农民工”，21 世纪又称为“劳务人员”，他们一般进入城市干建筑、环卫等城市居民不愿干的脏累活。几年之后，这些农民工必须回到农村去重操农业和生育子女，当他们的子女长大之后又重复父母的命运。城市成为铁打的营盘，农民是流水的兵，城市根本起不到接纳农村劳动力人口终身转移的作用，也起不到对农村劳动力人口进行城市化改造，降低一个国家或地区的人口增长率，甚至实现零增长或负增长的过渡作用。由于农村劳动力人口积压浪费在农村，农村人口持续高增长的情况将长期存在，农村人多地少的矛盾更加尖锐突出，土地越分越少，小农制的自给性越强化，农业商品率就越低，可供应城市的农产品的社会总量就越少。由于农业自给性比重高，城市农业产品供应日益短缺或价格上涨；又由于农村人口占全国总人口比例过大，无法形成对城市工业产品需求的市场容量。城市生产的工业产品不管是农业机械还是其他日常工业产品，农民收入普遍较低，缺乏购买力，这样城市工业因缺乏社会购买力而日益停滞或萎缩。这就导致了城市市政建设、交通、通信和文教、卫生等基础设施和社会服务事业长期滞后，这也是城市设施得不到发展和改善的根本原因。

认为城市化、工业化使城市人口增加会加重农民负担的理由也是不能成立的。劳动力人口城市化、工业化使农村人多地少的矛盾得到缓解；小农制解体后，又出现新的矛盾，这就是人少地多的新矛盾，解决这个新矛盾的办法就是实行家庭农场和机械经营，而家庭农场和机械经营的结果是商品率提高，农民收入以几倍以至几十倍的速度增长。这样既满足城市对农产品的需求，又增加农民收入，使农村农民人均收入达到与城市劳动力人口人均收入一致的水平，甚至还会超过，这怎么能说是农村劳动力人口的城市化转移加重了农民的负担呢？显然这种说法是无事实根据，又不符合事物发展的辩证逻辑的。发达国家所走过的路表明，凡是农村劳动力人口城市化、工业化转移的国家和地区，其农民人均收入都是城市劳动力人口人均收入的几倍甚至几十倍以上。由于农村劳动力多，向城市化、工业化转移不仅没有增加农民负担，反而减轻了农民负担，增加了农民收入。因此，农村劳动力人口向城市转移越多，农民对城市化、工业化的农产品需求的承受力就越大，反之越小。1860 年美国农业人口占总人口的 83.9%，10 个农业人口才养 1 个城市人口，到 1900 年 1 个农业人口养 4 个城市人口，到 1980 年 1 个农业人口养活 50 个城市人口。2001 年后，美国农业人口从 20 世纪中下叶的 500 万，进一步降至 300 万左右，农业人口仅占总人口的 1.8%。300 万农业人口耕种美国 29 亿亩土地，仅占总人口 5% 的农业人口生产的粮食和农产品，除供应给美国 3 亿人口外，还有占世界农产品出口量一半的农产品出口供应世界市场。

高度城市化并不是在实现家庭农场化后才开始的，而是由于人口城市化、工业化的拉动才开始形成和产生家庭农场。农村人口的城市化转移并不会增加城市负担，城市化人口增加也不会增加农业和农民的负担，而是促进了城市第二、第三产业经济的发展，又推动了农村规模化、商品化的家庭农场经济的双重发展，这是许多发达国家所经历和遵循的行之有效的普遍经验和共同规律。任何发展中国家不管国情如何特殊，要实现从农业文明向现代工业文明的经济社会结构性的转换，都必须尊重和遵循这一共同规律。

9.2 对家庭农场的种种看法

中国的以建立土地产权个人所有权为主体基础的家庭农场制，存在许多不合时宜的观念，束缚人们选择新的农业体制和政策，这些观念意识过去给国家造成的危害是严重的。在今天的现代化进程中如不克服，还会造成更为严重的危害。因此，推进农业现代化，澄清和纠正对家庭农场的错误观念是十分必要的。

社会主义国家经过种种实践选择和尝试仍然找不到实现农业现代化的道路与途径，而对欧美国家和亚洲新兴工业国家创造的家庭农场的成功经验又拒之千里。其中有种种观念和意识制约着这些国家和地区。

9.2.1 忌“私”癖

我国的社会制度是建立在生产力极不发达的封建社会制度基础之上的，没有经过发达的资本主义阶段，民主、法制、私有制和生产力等都不发达、不成熟，而封建社会遗留下来的国有制与权力私有制也得不到根本的改造。因此，今天一提土地私有制，人们就会自然地联想起封建社会的土地国有制和权力的私有制，以为今天的家庭农场的主体就是封建社会的土地私有制，认为这是复辟、倒退而产生强烈的抵触情绪。在老“左”看来，宁愿实行共耕制将生产力倒退到原始社会的茹毛饮血时代，也绝不允许把土地产权私有化。这是我国实行家庭农场的土地产权改革进程中遭受的最大阻力和挑战。他们也以保护人民利益为借口，实际保护特权权益。这些阶层没有社会责任感，也没有平等的意识。因此，改革一旦触及他们的特权利益，他们就极力反对，往往使出撒手锏——取“帽子”压人，多少年来这种“帽子”不知压倒过多少人。显然在改革开放的世界经济一体化的今天，信息交流频繁，社会经济高度透明，人们已经开始脱离“左”的束缚，开始用自己的眼光去看世界，开始学会了独立思考和理性判断。忌“私”癖的老“左”在封闭情况下那种“我说东你不能道西、我说西你不得言东”的言论思想禁锢已经不起作用，便转换其他形式来抵制家庭农场的现代化进程。

9.2.2 家庭农场造成压迫和剥削

这是发展中国家抵制家庭农场现代化进程最响亮的理由。家庭农场的土地兼并是在市场经济条件下的一种经济关系，是在政府主持和监督下你愿买我愿卖，双方自愿平等交换，不存在强迫低价转让的问题，人与土地没有依附关系。人们转让了土地，土地不再把人重新困在土地上，这与封建社会转让了土地，土地仍把人束缚起来的做法是完全不同的。那时的人离开和失去土地就无路可走，现代市场经济条件下人们从业就业的渠道多元化，不种田可以进城务工经商，而且从事第二、第三产业的收入要比从事第一产业的收入高。这就吸引着更多的从事小农制的第一产业的劳动力人口转向发展第二、第三产业的领域。这样小农制的农民转让土地、进城务工经商是自由的，政府没有禁止他们这样做的权力，只有帮助他们搞好土地转让的义务。那么家庭农场是否会造成剥削？我们知道“剥削”一词出自马克思的著作，是指一个人无偿占有另一个人的剩余劳动。剥削是由雇佣劳动产生的，雇用者凭借拥有权，不能将被雇用者提供的劳动成果全部给予被雇用者，除了扣除成本费用外，还要有所盈利，不然就是平本或亏本，如果无利可图，任何雇用者都不情愿去雇用别人。在家庭农场中一般是以家庭为单位的，要求家庭在直接经营人手不足时才雇工帮忙，农场主是直接从事生产经营者而不是出租土地、坐收高额地租的地主土豪。家庭农场通常要使用机械化生产工具，如美国一个家庭农场通常经营两三千亩土地，平均一个劳动力耕作 1 000 亩左右。1 000 亩田在中国和其他小农制的国家需要 1 000 个劳动者全体投入才能完成。家庭农场一般是以家庭成员直接经营为主，有的家庭农场也雇员，收入并不比国营企业低，但其全部劳动成果毕竟不能全部领回，所以严格地说，也存在一定的剥削，这是不能避免的。然而，也有相当部分的家庭农场没有雇用劳动者，它们的规模化、商品化农场生产经营全部依靠家庭成员，根本不存在剥削的问题。至于家庭农场生产的产品，按市场价格随行就市，体现的是一种平等公平的商品交换，也不存在在交换关系中产生剥削行为。因此，担心实现家庭农场制度会引起阶段压迫和剥削的思想观念完全没有事实和逻辑依据。

9.2.3 实行家庭农场化会造成农民失业

这是我国实行家庭农场化的又一思想和意识障碍。在一些人看来，实行均田制或集体共耕制就是人人有田种，人人有事做，农民就不会失业了。好像农村人生来就只配种田，不能干别的。农村本来就有不少剩余劳动力需要转移，又搞什么家庭农场制度，岂不是把更多的承包户的土地兼并集中到少数农民中去，使众多的农民失去土地而失业。当然，家庭农场是建立在适度规模基础上的，在实践过程中必然要使一些承包户的土地被兼并过去，而剩余的劳动力人口将会更多，这是客观事实。但这些因建立家庭农场而被腾出来的小农户，他们虽不再以种田为生，但并不等于他们就没有就业出路了。他们可以进入城市务工经商，也可以留在农村经营产业，因为家庭农场的产供销还需要社会提供更多服务。而农村第二、第三产业发展可以容纳更多脱离土地的农民，反过来又可以促进家庭农场经济发展。况且家庭农场耕田人数少了，机械化经营提高了劳动生产率，把土地经营得更好，已转移出去的农民则可以通过第二、第三产业取得的收入用于交换农产品作为消费品。这样对整个社会来说，不但少数人种田与原来多数人种田的总产值没有减少，而且通过市场交换途径转让给转移出去的农民消费。已转移出去的大多数农民并没有因为离开土地而使农业减收，反而进入城镇从业后又创造了工业财富。由于工业财富弹性增长，因此大多数转移出去的农民创造的工业财富反而是原来小农所创造的财富的几倍甚至十几倍，这就实现了农业现代化和工业化的双重效应。

9.2.4 机械程度低不适应家庭农场经营

目前中国的农业机械化程度低是普遍现象，但这是不能实行家庭农场化的理由吗？显然不是。至于在发展中国家和地区现行的小农制或集体共耕制能否实现机械化，不在于现在的机械化程度，而在于人地矛盾的解决、经营规模的扩大和经营体制的选择。至于机械化与家庭农场的关系，谁先谁后，是等待所有小农户都实现农业机械化，还是先减少小农户，形成适度规模之后才开始实现农业机械化呢？按照欧美国家及亚洲新兴工业国家和地区所走过的路及其总结的成功经验，显然，是先实现适度规模之后才开始实现农业机械化。至于要等待在小农制基础上全面实现机械化之后才实行家庭农场经营，那是不符合事物发展顺序和逻辑的。在小农基础上实现机械化再实行家庭农场制在世界上没有成功先例，现在和今后也不会出现这样的奇迹。因为小农制本身的规模就是强烈地排斥机械经营。小农制不是不想使用机械，而是不必要使用和没有可能使用，因为小块土地用传统的手工操作已足够，用不上机械，土地的收益仅够糊口，没有什么剩余去交换货币，也购置不起大、中型的农用机械，购置了也是“大炮打麻雀”，大材小用。迄今欧美及亚太国家和地区的家庭农场都是先实行适度规模之后才逐步实现农业机械化的。因此，规模化是实现机械化的前提条件，没有规模化就没有机械化，机械化是规模化的结果，两者关系不可颠倒。

9.2.5 国情特殊不能实现家庭农场化

这是中国反复强调的理由之一。固然各种政治经济文化背景不同，各国的情况是千差万别的，在家庭农场的现代进程中不可一刀切，需要承认和把握好这种差别，然而，已经为许多国家所证明的行之有效的家庭农场的成功经验和客观进程又是具有普遍指导意义的，它并不因为国情特殊就可以辟出一条新路。许多国家试图这样做，但都没有成功。这从反面说明家庭农场的经济体制和模式不仅是新老发达国家先后走过的成功道路，也是今后一切发展中国家和地区所不能回避的成功道路。

9.3 抑制家庭农场发展的危害

任何从社会制度和意识特殊性，把家庭农场看作私有制而持否定态度，一味在共耕制和均田制之间轮流交替往复，也不允许家庭农场在本国落地生根，把家庭农场视作洪水猛兽，其实都是在闭关自守状况下形成的轻视人类现代文明伟大成果的现象。其结果必然是误国误民，阻碍社会生产力的进步。

由于长时期“左”的流毒，中国抵制家庭农场的思想意识观念比较浓，因为这些思想意识观念就是一个国家生产制度的土壤和条件。如果没有彻底的改革，这些土壤和条件会依然如故，继续生长出传统的自给自足小农制经济来。抵制家庭农场的危害至少有以下几方面：

第一，造成超稳定的城乡二元社会经济结构，并且有不断扩大的趋势。城市与乡村的劳动力不能流动，即使是暂时的流动，也不能从根本上改变城乡对立的二元社会经济结构状态。城市获得权力的保护，免受市场竞争的冲击而孤立发展，农村受到政府权力的控制，农产品不成为商品。1994 年城镇人均收入为 3 150 元而农村人均收入为 1 200 元，比例为 2. 63 : 1，比改革前期 1987 年的 2. 37 : 1 还要大。这种差距长期存在，还有不断扩大的趋势。到 2006 年进一步扩大到 3. 4 : 1。对于这种差距，政府往往是保护和强化，而不是限制和缩小。国家政府为了保护这种差距，甚至进一步强化城乡的户口管制，防止农村劳动力的城市化转移，使农民雪上加霜。

第二，农村人口增长居高不下，持续膨胀。人均土地越分越少，由于农业人口不能通过城市化、工业化发展被吸纳转化，人口增长率逐步下降。由于农村的生产特点和生育观念使农业人口增长率居高不下，不断膨胀。随着农村人口的增长，每隔几年就要调整重分土地，这样土地越分越小，如今我国人均土地 1. 5 亩，只相当于世界人均拥有地的 1/4，还要进一步细分下去。

第三，造成饥饿和贫困。未经过工业化洗礼和家庭农场经济现代化的小农制中国，众多的小农们拥挤在小块土地上种植农作物，生活十分俭朴，发达国家现代化的用品对于中国来说只有城市人及权力阶层才能享有，众多的农民是可望而不可即的。由于众多的农业人口不能像发达国家那样通过现代化进程不断减少，而是日益增长，土地产出人均拥有量不断下降。人均自给拥有量减少，农民生活水平下降，尽管取消了农业税，但小农户仍然富不起来。中国是世界上最大的小农制国家，城市化程度不高，农业所占比重大，核能、宇航等高科技和农村中的刀耕火种的原始耕作技术并存。繁华先进的城市与大多数贫困落后的农村形成鲜明的反差。1992 年人均国民生产总值不足 400 美元，仅相当于当时世界平均水平的 1/10。像中国这样的小农制国家，当务之急不是发展乡村工业，因为这种模式占据和统治了中国半个世纪，并没有给中国带来结构性变化；相反，它还阻碍了中国人口城市化、工业化和家庭农场化的时代进程。因此，溶解小农制的根本任务就是加快城市化、工业化和家庭农场经济的时代进程。我们已经耽误了半个世纪，再也不能把这一做法延续下去。

第四，落后于世界的文明进程。当代世界的现代文明已进入后工业社会。现代化国家在几百年前就开始从农业文明向工业文明转换，20世纪中叶开始又从工业文明向后工业文明转换。20世纪中叶兴起的新兴工业化国家和地区已完成了前工业文明的发展阶段，现在又开始向后工业文明转换。然而，中国的小农制至今还停留在农业文明阶段，相当于西方的后工业文明国家几百年前的农业文明状态，这样文明的时空差距十分遥远。不仅经济制度文明落后，政治制度文明也远远落后于这些国家。现代化的后工业文明国家已经历了几百年历史，但自由、平等、民主、法制、市场经济制度等在中国还是十分新鲜的事情。在中国改革开放初期，这些现代文明的成果被斥为资产阶级腐朽没落的精神污染，历次政治运动都将其列入批判和整治的对象。民主和法制在经历"文革"的浩劫之后，逐渐为人们所重视和关注。但对于在封建专制土壤成长起来的社会主义制度如何克服和避免封建主义糟粕，以免把封建糟粕作为优良传统误国殃民？如何实行民主与法判？这是一个艰巨的系统工程。完成这个工程并不是一两代人的事，而需要若干代人的不懈努力和接力奋斗才能有所成效。

9.4 中国发展家庭农场面临的障碍

一般而言，中国发展家庭农场面临的障碍较多，主要有制度障碍、观念意识障碍和特权利益障碍。其中制度障碍是起决定作用的障碍，观念意识和特权利益障碍则是由制度障碍造成和决定的。

9.4.1 制度障碍

中国与其他东方社会主义国家都有三个共同特点：一是规模式的集体共耕制，在以前包括苏联在内的东欧社会主义国家中较盛行；二是分散式的均田制；三是兼容式的地主制。前两种形式主要产生于前社会主义国家，第三种主要存在于一些民族主义国家中。地主制是少数地主掌握大量土地，自己不经营而高租转给小农耕种，由地主向国家交地租，旧中国土地制度也属于这种制度。现代的小农制是国家直接把土地租给农民耕种，由农民直接向国家交地租，这种土地制度束缚了家庭农场的形成和产生。在民族主义国家中，地主拥有大面积的土地，但地主本身并不直接耕种，而是把土地分租给千家万户的小农耕种。土地虽然在形式上集中，但地主并不实施土地的经营规模，还是小农经济，只不过是在国家与农民之间横加一个地主而已。在社会主义中国，地主阶级消灭了，而大量的小农还存在，他们耕种的土地为集体和国家所有，由农民直接向政府交租。即使社会主义条件下地主阶级消灭了，但小农制无法消灭，并且小农经营的面积随着时间的推移而越来越少。中国唐朝人均土地 30～80 亩，明清也还有 20～30 亩，到新中国成立之初有 3 亩，至今却只有 1.3 亩，所以小农制不是消灭了，而是强化了。这是一个严峻的社会经济发展问题，能否解决这个问题关系到中国现代化的前途与命运。

中国的制度障碍主要表现在土地制度、经营制度和户口制度这三个方面。土地制度就是国有制和集体所有制，都是约束家庭农场形成与产生的原因。经营制度就是实行国有制经营、集体共耕制经营和地主转租的小农经营，以及国家分包到户的小农制经营。这两个问题在其他地方已阐述，不再赘述。户口制度是一种以职业居住地、社会地位为标志的身份隔离制。如果你是农民的子女就永远只能做农民，而不能自由选择居住地和职业，即使改变职业也不能改变户口，不能“农转非”，政府及户口管理部门随时有理由把你清理出城市。这就限制了农村劳动力人口与农村人口自由和机械地转化为城市化、工业化人口，不能从整体总量上减少农民的比例，为家庭农场创造条件。

9.4.2 观念意识障碍

这种观念意识障碍是在制度障碍下长期形成的产物。主要制度障碍不消除，这种观念意识障碍就永远不会消失。即使制度障碍消除了，观念意识障碍在一定时期还是独立存在并起作用，影响和制约着人们的思想观念和行为。

这些观念主要表现在：一是认为搞家庭农场是复辟地主庄园经济，其实这是一种认识上的误区。家庭农场虽然面积大，但不同于地主的庄园。众所周知，地主庄园是地主兼并集中土地，自己不经营，而是高额转租给农民去耕种，地主的产品主要是自给消费；而家庭农场的土地不是以出租或转租为目的，而是农场主直接用于生产经营，而且农产品全部是出售的。二是认为实现家庭农场化会使多数农民失去土地而流离失所。这种观点也是不正确的，这种说法在计划经济时代无疑是正确的，但是对于已经进行改革开放的国度，持这种观念就显得迂腐了。改革开放的中国实行的是社会主义市场经济，与此相适应的城市化多种经济或多种所有制形式并存竞争，农民有了进城务工经商的自由选择，有钱的农民可以在城镇造房居住，无房的农民可以租房住，完全可以脱离土地，不再以种小块土地为生。实现家庭农场化当然需要扩大种植面积，怎么扩大？只能是通过土地市场的自由转让买卖，而不可能是买主强迫卖主转让。土地使用权的转让建立在法律监督基础上的平等交易行为，一般来说，弃耕转让土地的农民都是已经在城镇找到一份比种小块土地拥有更多收入的职业才决定转让的。即使是一些已进入城镇务工经商者，中途想回农村去种田的，他可以利用在城镇赚的钱重新购买土地来耕种。但一般这样逆向农村流动的就业人口是很少的，政府并不提倡，也不能提倡。

还有一种观点认为农业国穷，农民没钱购买机械，不可能搞家庭农场。这一种认识的误区是把结果当作原因，犯了因果倒置的逻辑错误。有这种认识的人搞不清楚农业为什么不能实现机械化，如何才能实现机械化以及机械化与家庭农场规模孰先孰后的逻辑关系。事实上，机械化不实现并不是不能实现家庭农场化的原因。恰恰相反，机械化不实现是家庭农场没有实现的结果。两者的关系，应当是这样：小农制经济因规模过小而无须也无能力使用机械化生产。因为种小块土地一般是自给消费，没有什么剩余的产品作为商品，没有商品率就交换不到货币，就不能购买农业机械工具。因面积过小，使用人畜力等传统工具已足够，因此排斥农业机械化。在中国均田到户后，平均每个劳动力投在农田的时间不足 3 个月。当实现适度规模之后，农民收入除了自给外，还有大部分农产品出售以换取货币，用于购买农业机械，这样农场的规模经营可促进农业机械的使用和农业机械化的实现。因为家庭农场面积大，单纯靠人畜力的传统生产工具已不能抢上季节，这时就迫切需要采用先进的生产工具才能耕种土地，才能提高劳动生产率，采取农业机械就成为必然的选择。而家庭农场由于规模大、产出高，95%以上用于出售而获得较丰裕的农业积累，可以用于购买农业机械和采用先进的农业生产技术。因此，家庭农场并不需要等待机械化实现了再实行，因为在小农制基础上是永远不可能实现农业机械化的。只有先实行适度规模的家庭农场化，才能带动农业机械化的实现。

9.4.3 特权利益障碍

在中国，特权利益障碍对现代化发展阻力之大超出常人的想象，在国民中划分两种或多种利益阶层，一种阶层享有某些另一种阶层所不能享受到的利益，国家社会福利和政策不能一视同仁。如在某些社会主义国家中，对农产品价格进行压价征购，常以低于市场价格甚至低于农产品的成本价强行征购农民的劳动成果，转而发放给城市居民，以更低的价格半售半送给城市人消费，这样国家又要从财政收入中拨出资金对城市居民进行物价补贴。一些国家对城市人口的农产品、副食品供应几乎等于免费赠送，而对工业品则完全按照市场价格出售。农民因为没有钱而缺少购买工业品的能力，所以工业品的发展也受到市场容量的限制，而市场购买力小又限制工业生产的扩大发展。在中国，一讲要发展家庭农场就意味着相当部分种小块土地的农民要离土离乡进入城市选择新的居住和就业空间，于是就遭到城市利益阶层——市民和政府人员的强烈反对。他们担心原来农民进城来务工经商，生活过得好起来，甚至要超过自己，于是奋起抵抗，通过各种压力集团对政府施加决策影响。各地政府明的暗的收户口费、城市增容费，就是用经济手段限制人口向城市转移，把农民限制和固着在乡村中，这叫离土不离乡。农民要务工经商干几年可以，因城市有脏、累、重活，城里人不愿干，需要农民工来干，但农民工进城干几年后，还得返回故土重操旧业耕种小块农地。这样一批接一批，一代接一代，周而复始地循环。为防止农民涌入城市，发展乡镇企业不失为一个过渡的办法，让有钱的农民在乡镇里创办企业和买地建房居住等。这样城市人的压力减轻了，城市发展扩张的压力缩小了，然而问题也来了。首先，从客观经济效益来看，乡镇企业分布广而散，无法形成规模的聚集效益。其次，乡镇企业占用耕地多，因缺乏环保技术条件，生态环境受到严重污染。最后，乡镇文化生活设施欠缺和单调，难以吸引农民进去长期居住。无论是经济效益还是社会效益都不理想。城市没有农村劳动力人口的机械转移，城市发展就缺乏内在和外在的双重动力。城市得不到适度持续的扩大，经济文化发展和提高极其缓慢，城市规模的扩大和经济社会实力的增强没有别的措施，只有靠农村劳动力的规模转移和行业资金的汇集，而行业资金和劳动力汇入两者是统一的，行业资金流入需要更多农村劳动力转移，而农村劳动力转移又吸引更多的行业资金流入。现在一提家庭农场化，提倡适度规模经营，尤其是土地的用途管制，势必影响到地方政府靠征地转让土地维持的土地财政，遭到与此相关的房地产商及依靠土地发财的利益集团的反对与阻挠。因此，必须克服特权利益的阻力与障碍，取消一切人为的利益特权，如限制和取消政府对征地转让土地的特权。土地征用和转让应遵循市场价值规律，完全按照市场经济的客观规律办事，任何阶层集团和个人都不能例外。只有这样，才能推动人口城镇化和家庭农场化同步向前发展。

9.5 广东是中国家庭农场的发源地和先行地区

广东是中国家庭农场的发源地。早在1979年农村改革尚未正式启动之前，广东就有农民率先承包集体鱼塘搞规模经营和雇佣劳动，成为全国最早的农业“万元户”，这就是陈志雄的家庭承包养鱼场。一石激起千层浪，此事在全国引起轩然大波，引起中央高层的密切关注和全国最权威的报刊展开讨论。正是这场讨论促进了农村改革，也最早开了发展家庭农场的先河。如今家庭农场已经在全国各地兴起，人们不会忘记在广东发展家庭养鱼场，敢于吃螃蟹的第一人——陈志雄。

今天人们仍在回忆20世纪70年代末，一个普通农民敢为人先的故事。37年前，陈志雄既是当时肇庆市高要沙浦公社一大队第六生产队的普通社员，又是全国的“名人”。陈志雄出名，是因为承包大面积鱼塘，而引发了一场全国性的大讨论。陈志雄在村里是有名的养鱼能手，他经营的鱼塘产量比生产队的鱼塘要高一倍多。村里人回忆，1979年，陈志雄和妻子尝试承包了8亩集体鱼塘养鱼；到1980年，他承包的鱼塘扩大到105亩。这是广东也是全国第一个敢于搞规模经营家庭养鱼场的人，他一下子就承包经营过百亩水塘，是闻名全国的第一个“家庭农场户”。这个农场每年净收入一万多元人民币，被称为

“万元户”。陈志雄的思想一直比较超前，属于敢想敢干型。当年，陈志雄一家的收入主要来源于每日在生产队工作得到的几元人民币，生活比较困难。陈志雄的儿子陈焕坤说，父亲为了让家庭生活富裕起来，就想到了承包鱼塘。由于当时正处于改革开放初期，政治气候乍暖还寒，对陈志雄雇工、跨队承包鱼塘看法不一，引起全国性的大讨论。

1981 年 5 月 29 日，《人民日报》在二版头条位置发表了一篇题为“一场关于承包鱼塘的争论”的调查报告，并以“怎样看待陈志雄承包鱼塘问题”为总标题，开辟了一个专栏，进行了为时三个月的讨论。“以前生产队和大队按照原始做法，不承包给别人，每亩鱼塘的产值是 200 至 300 元人民币。承包了之后，生产队不用投入，每亩鱼塘收益还多了 100 至 200 元人民币。”陈焕坤说，“按照现在的说法叫双赢。”陈志雄的胆识和创举成了“三十年”后的佳话，也是“春天的故事”中一朵耀眼的鲜花。正是这一场讨论，让全国农民大开眼界，也为广东随后的家庭农场的发展奠定了制度和政策基础。随后不久，广东以养殖果园为主体的家庭农场在全国率先发展起来。在国内虽说纷纷包产到户，但对搞家庭农场和雇佣劳动讳莫如深。当还停留在热衷于弄清雇工经营是姓“资”姓“社”的问题时，广东家庭农场已悄然无声地建立起来并进入运转。以养殖和种植果蔬为主体的家庭农场经济，在广东初兴于 20 世纪 80 年代，90 年代获得大发展。在广东的带动下，全国各地才开始出现一些种粮大户，以粮食类的家庭农业开始发展起来。进入 21 世纪后，江苏、浙江、山东一带的家庭农场发展迅速，有后来居上之势。他们对家庭农场的扶持和规范化发展，一度走在广东前面。近年来，广东意识到对家庭农场扶持和规范发展的重要性与必然性，对家庭农场发展加强扶持力度，各地探索出台扶持家庭农场规范发展的措施。如东莞市人民政府于 2015 年 7 月 14 日正式印发了《东莞市鼓励扶持家庭农场发展实施意见》（以下简称《意见》），着力培育引导发展家庭农场，促进农业适度规模经营，力求在全市范围内形成一批产业特色明显、运作管理规范、示范带动作用大、社会影响力强的家庭农场群体，有效解决当前东莞“谁来种地、怎么种地”的问题。《意见》明确指出，家庭农场是指以农户家庭为基本生产经营单位，以家庭成员为主要劳动力，以农业为主要收入来源，从事农业集约化、商品化及适度规模化生产经营，达到一定经营规模并相对稳定的新型农业经营主体。

下面以东莞市家庭农场为例，说明家庭农场的认定标准、认定程序和扶持政策等。

在家庭农场认定标准上，需具备4项基本条件，主要包括：①经营者应是本市户籍的农民（农村社区居民）或其他长期从事农业生产的人员。②经营规模达到一定标准并相对稳定，其中，从事种植业或种养结合的，经营面积30亩或以上、土地租期5年或以上；从事纯水产养殖的，原则上经营面积50亩或以上、土地租期5年或以上。同时，凡涉及水产养殖的，需持有中华人民共和国水域滩涂养殖证。③承包合同合法有效，管理制度完善。④产业符合当地发展规划，周边生态环境良好。

在家庭农场认定程序上，由市、镇两级分工负责。申请人对照家庭农场认定标准，向所在镇街农办提出申请，并提供以下资料：①东莞市家庭农场认定申请表。②土地承包、土地流转合同及生产经营有关账簿。③家庭农场内固定的从业人员户口本复印件和身份证复印件。接到资料后，镇一级负责资料审核和实地考察工作；市一级有关部门负责核准，对符合条件的，在东莞市农业局网站上公示7天，没有异议的，予以认定。

在家庭农场扶持政策上，出台7项具体措施。主要包括放宽工商登记申请、实施税费减免优惠、加大财政扶持力度、落实设施用地政策、加强技术服务支持、建立现代营销体系、争取金融信贷支持等，重点是设立了专项奖励资金。凡经认定的“东莞市家庭农场”，由市财政一次性给予5万元奖励，支持其做大做强；在此基础上，评定一批实力强、资信好的“东莞市示范性家庭农场”，树立先进典型，并由市财政追加5万元奖励。

东莞市农业局种植业科有关负责人表示，家庭农场是未来东莞市农业发展的重点方向之一，东莞市农业部门接下来将认真抓好政策落实工作，指导镇街按照“有序推进、分批认定”原则，组织辖区内农户申请创建家庭农场，全面壮大东莞的新型农业经营主体。在东莞市的带动下，江门、惠州和肇庆等珠三角地区的市县都出台了适应和促进本地区家庭农场发展的措施。广东的家庭农场在规范化基础上，得到进一步的提升发展，可以预期广东家庭农场又将走在全国前列，在全国发挥新的示范效应与作用。

10　完善市场流转机制，解决人地矛盾

农业是产业结构中的基础产业，农业生产规模经营制度是长期没有解决好的问题。如今农业企业化的观念十分淡薄，农业建立在农地产权市场的基础上，只有国营农场和集体所有制中的均田分包制两种农业经营形式，前者有规模没有效率，后者有效率没有规模。说到底，就是农业缺乏现代企业经营管理制度，必须通过改革现行的均田产权制度，建立现代农业企业化的产权制度。

10.1　谨防陷入中等收入陷阱

按照世界银行的标准，2014 年我国人均国民总收入达到 7 400 美元。而根据 2015 年 7 月 1 日世界银行的归类，中等偏上收入国家的人均国民收入在 4 126 ~ 12 735 美元，很显然中国已经进入中等收入偏上国家的行列。如今中国正面临着中等收入陷阱的问题，能不能跨过这个中等收入陷阱，是世界也是国人所关注的问题。中国只有跨过中等收入陷阱，才能在今后的十年内进入高收入国家的行列，从而实现中华民族伟大的复兴梦。

10.1.1　什么是中等收入陷阱

中等收入陷阱是指当一个国家的人均收入达到中等水平后，由于不能顺利实现经济发展方式的转变，经济增长动力不足，最终出现经济停滞的一种状态。

“中等收入陷阱是包括中国在内的亚洲新兴工业化国家面临的陷阱和挑战。”近几十年来，亚洲许多国家飞速发展，由低收入国家步入了中等收入国家之列，但随之而来的很可能就是中等收入陷阱。

当今世界，绝大多数国家是发展中国家，存在所谓的“中等收入陷阱”问题。像墨西哥、巴西、菲律宾、马来西亚、南非以及东南亚和拉丁美洲的一些国家等，在20世纪70年代均进入了中等收入国家行列，但直到现在，这些国家仍然挣扎在人均国内生产总值4 000至12 000美元的发展阶段，并且见不到增长的动力和希望。

新兴市场国家突破人均国内生产总值1 000美元的贫困陷阱后，很快会奔向1 000美元至3 000美元的“起飞阶段”；但到人均国内生产总值3 000美元附近，快速发展中积聚的矛盾集中爆发，自身体制与机制的更新进入临界状态，很多发展中国家在这一阶段由于经济发展自身矛盾难以克服，发展战略失误或受外部冲击，经济增长回落或长期停滞，陷入所谓的中等收入陷阱。

自从2014年中国GDP达到10万亿美元，进入10万亿美元的俱乐部后，有人就断言广东已成功跨越中等收入陷阱，这是不切实际的。先不论别的条件，仅就越过陷阱的国家，人均收入需达到15 000美元，广东达到了吗？别的国家和地区人均收入在15 000美元以上，广东人均GDP 10 000美元就算超越了，显然还不能这么说。据报道称，经济增速放缓提出的一个问题是，这个全球第二大经济体是否正陷入漫长的低速增长，即中等收入陷阱。迈拉希说，如果中国未能实现社会繁荣和城镇化目标，如果中国经济没有成功向创新转型，那么中国就可能陷入中等收入陷阱。这一针见血的分析绝非危言耸听，是基于现状和趋势做出的客观判断。

10.1.2　沦入中等收入陷阱的原因

在相同阶段起步的国家和地区，发展水平和条件十分相近，为什么会出现两种不同的发展命运——一个越过中等收入陷阱，一个掉入中等收入陷阱？差别关键在于能否有效克服中等收入阶段的独特挑战。从拉丁美洲地区和东南亚一些国家的情况看，陷入中等收入陷阱的原因主要有以下几个方面：

第一，体制变革严重滞后，市场配置资源的功能受到严重扭曲。在拉丁美洲国家，体制变革受到利益集团羁绊，严重滞后于经济发展，精英集团的“现代传统主义”片面追求经济增长和财富积累，反对在社会结构、价值观念和权力分配等领域进行变革，或者把这种变革降低到最低限度。经济财富过度集中，官商勾结，形成利益集团势力，权贵经济强大，造成寻租、投机和腐败现象蔓延，市场配置资源的功能受到严重扭曲。

第二，宏观经济政策出现偏差，货币政策和财政政策失控。拉丁美洲国家受西方新自由主义影响，政府作用被极度削弱，宏观经济管理缺乏有效制度框架，政策缺乏稳定性，政府举债债台高筑，通货膨胀和国际收支不平衡等顽疾难以消除，经济危机频发造成经济大幅波动，如20世纪80年代的拉美债务危机，1994年墨西哥金融危机、1999年巴西货币危机、2002年阿根廷经济危机，都对经济持续增长造成严重冲击。阿根廷在1963—2008年出现了16年负增长，主要就集中发生在20世纪80年代债务危机和2002年国内金融危机期间。货币政策和财政政策失控，导致金融、货币和债务等经济危机。

第三，社会改革滞后，对发展公平性重视不够，形成两头大、中间小的社会结构。公平发展不仅有利于改善收入分配，创造更为均衡的发展环境，缩小贫富差距，扩大中产阶层，还能够减缓社会矛盾和冲突，有利于社会改革，有利于经济可持续发展。拉丁美洲国家在进入中等收入阶段后，收入差距迅速扩大，导致中低收入居民消费严重不足，消费需求对经济增长的拉动作用减弱。如20世纪70年代，拉丁美洲国家基尼系数高达0.44～0.66，巴西到90年代末仍高达0.64，形成两头大、中间小的社会结构。一些国家还由于贫富悬殊，社会严重分化，引发激烈的社会动荡，甚至政权更迭，对经济发展造成严重影响。

第四，错失发展模式转换时机。以阿根廷等拉丁美洲国家为例，在工业化初期实施进口替代战略后，未能及时转换发展模式，而是继续推进耐用消费品和资本品的进口替代，即使在20世纪70年代初石油危机后，还是维持“举债增长”，使进口替代战略延续了半个世纪。而马来西亚等东南亚国家则因国内市场狭小，长期实施出口导向战略使其过于依赖国际市场需求，极易受到外部冲击。

第五，技术创新瓶颈难以克服。一国经济在进入中等收入阶段后，低成本优势逐步丧失，在低端市场难以与低收入国家竞争，但在中高端市场则由于研发能力和人力资本条件制约，又难以与高收入国家抗衡。在这种上下挤压的环境中，很容易失去增长动力而导致经济增长停滞。要克服这一挑战，就需要在自主创新和人力资本方面持续增加投入，培育新的竞争优势。马来西亚等东南亚国家在亚洲金融危机后再也没能恢复到危机前的高增长，这就与经济增长缺乏技术创新动力有直接关系。

第六，过度依赖劳动密集型和资源密集型的传统产业。前者导致产业转移，后者导致资源消耗，造成因资源日益稀缺和生态环境污染与破坏而难以可持续发展。

10.1.3 我国存在的中等收入陷阱的隐患

首先是贫富差距带来的风险隐患，描述财富差距集中度的“基尼系数”一般认为低于0.3属于均等，超过0.45属于差距过大，基尼系数为0.5，意味着1%的人口已经占有了50%的社会财富。我国的基尼系数，1980年为0.3，1982年为0.249，1988年为0.382，1994年为0.434，1998年为0.456。进入21世纪后，基尼系数持续上升。数据显示，2015年全国居民收入基尼系数为0.462，总体上比20世纪90年代不降还升，但对21世纪来说，基尼系数自2009年来连续7年下降，仍高于国际警戒线的0.40。

官方数据显示，中国全国居民收入基尼系数，2003年是0.479，2004年是0.473，2005年是0.485，2006年是0.487，2007年是0.484，2008年是0.491。然后逐步回落，2009年是0.490，2010年是0.481，2011年是0.477，2012年是0.474，2013年是0.473，2014年是0.469。虽说下降的幅度微小，但只要持续降下去，就是一个值得期待的积极信号。要综合利用国家治理体系，在“提低、扩中、控高”的策略指导下，更多地在具体的相关制度设计与建设上做好功课，注重保持政策行动中的公平与效率统一，基尼系数居高微降，收入差距悬殊，局面难改，势必直接影响国内消费，造成内需不足、社会总供给与总需求失衡，如果以过度投资的方式扩大内需又会导致产能过剩和其他无效投资，影响经济发展。如果这种情况不改变，经济增长会持续乏力，最终可能陷入中等收入陷阱。因此，只有加快收入分配制度改革，才可能避免掉入中等收入陷阱。

其次，我国的产业结构调整困难孕育着经济发展的最大风险。我国的比较优势产业主要是劳动密集型和资源密集型产业。但在进入中等收入水平后，由于劳动力成本提高和资源价格上涨，经济进一步增长要求产业结构必须升级。实现产业结构升级是我国面临的巨大挑战，也是我国发展到这个阶段面临的最大风险。

最后，对外经济关系的不断扩展和加深使我国频繁受到国际经济波动的冲击。改革开放之后的中国经济与世界经济的联系越来越频繁和紧密。随着对外经济关系的扩展和加深，中国经济与世界经济的关系也变得越来越复杂。我国已成为世界第二贸易大国和第一出口大国。这种对外经济关系地位的改变，既加大了对外部经济的依赖，也孕育着不断增加的贸易摩擦。

我国面临的这些中等收入陷阱，尽管有着区别于其他中等收入国家的特征，但对未来我国经济的增长提出了挑战，因此必须设法加以规避。

10.1.4 规避中等收入陷阱的方式

从日本、韩国等国的经验看，最根本的是较为成功地实现了经济发展模式转型，特别是从“模仿”到自主创新的转换。比如，韩国20世纪70年代的“汉江奇迹”主要依靠出口导向战略，但此后将发展方向从扶持与保护产业转向鼓励竞争和创新，1986年制订《面向21世纪的科学技术发展长期计划》，颁布《提高产业技术五年计划(1989—1993年)》，明确提出技术开发的主体由政府转向企业，使产业竞争力持续提升。同时，加快农业改革步伐，为推进适度规模经营和现代农业发展，颁发一系列的法律法规，较好地解决了农业发展与农民增收问题。日本和韩国在由中等收入国家转向高收入国家进程中，都较好地控制了收入差距扩大，日本20世纪60年代实施“国民收入倍增计划”，韩国20世纪70年代推行“新社区运动”，缩小了城乡和居民收入差距，使初次分配更趋均衡，为跨越中等收入陷阱创造了较为稳定的社会环境。

鉴于这些经验教训，中国必须根据自身特点，充分挖掘自身发展潜力，才能顺利跨过中等收入陷阱。

第一，要以推动公平分配为切入点，为持续增长培育新的基础。

过去倡导“初次分配讲效率，再次分配讲平等”，也有明显的局限性，如个税就具有初次分配性质。中国年年都有人上富豪榜，却没有相应地上缴税大户榜。富豪及演艺界公众人物等特殊高收入群体，他们对国家税收的贡献与他们所占有和利用公共资源的比例不成正比。个税收入主要来自工资阶层，越是富豪越难收到与他们财富成比例的税收。他们的财产不是在国内囤积保值资源，就是转移国外，为子孙移民做准备。要切实降低工薪阶层的起征点，严格监督，把富豪和特殊超高收入群体应交的税不折不扣地全部收上来。要让地产商、网络商等富豪和暴富的演艺特殊群体成为税收的主体。同时降低对普通大众和工薪阶层的收入起征点，为把当前两头大、中间小的哑铃型社会结构改造成为两头小、中间大的橄型社会结构创造条件。

中国在经历30年的经济高速增长之后，已积累了较大的生产能力，制造业更是得到"世界工厂"的称号。因此，中国经济的持续发展日益凸显了需求特别是消费需求的地位，这就对居民收入水平和收入分配提出了新的要求。我们不仅要提高居民收入水平，而且要缩小收入差距。过去学界曾讨论过关于"初次分配讲效率，再次分配讲平等"的观点，是相当有意义的。对中国来说，出现的各种内外经济不平衡都与居民收入水平和分配差距相关联，并且居民收入水平的提高和收入分配差距的缩小，还是产业结构升级的重要基础。更重要的是，未来中国经济持续增长需要有稳定的社会发展环境，这必须由缩小收入分配差距和实现公平分配来保障。为此，改变国民收入分配在国家、企业、居民中的比例，扭转收入分配差距扩大的趋势直至最终缩小收入分配差距，是避免我国陷入中等收入陷阱的首要选择。

第二，要以提升产业结构为突破口，构造经济增长新的动力。

跨越中等收入陷阱的关键是以可持续的方式保持经济高速增长，这就需要构造新的增长动力。尽管经济增长理论告诉我们，新的经济增长的动力来源于技术进步或创新、知识和人力资本积累等方面，但对于中等收入国家来说，最现实、最直接的动力应该是经济结构调整，特别是产业结构升级。我国大力发展劳动密集型产业所积累的生产能力已受到越来越大的约束，现已到了必须调整经济结构的时候。如果今后能够比较顺利地实现产业结构升级，那么就有了跨越中等收入陷阱的动力。

第三，要以循序渐进的城市化为依托，形成对经济增长的持续支持。

快速城市化会带来城市人口的迅速增长与城市基础设施建设滞后的矛盾，进而产生高额城市化成本，这将大大降低城市化带动经济增长的功能。拉丁美洲国家陷入中等收入陷阱就有其中的原因。因此，未来中国的经济增长一定要把握好城市化推进与城市化成本提高的平衡，以逐步推进来缓解城市问题的集中爆发，不断发挥城市化助推经济增长的功能。

第四，要以扩大和完善国内市场为保障，降低受外部经济波动的冲击。

进入中等收入行列的国家易受外部经济的冲击，造成经济徘徊。中国也会面临这种冲击，但我国广阔且潜力巨大的国内市场会成为抵御外部经济冲击的有效保障。因此，我国在转变外贸增长方式的同时，还需要把注意力引向挖潜国内市场上来。

陷阱的主要入口开启，主要是因为经济动力不足，不论是过分依赖外部经济（以出口为主），还是内部经济萎缩（导致通货膨胀），都是因为经济动力不足，以此为基准来看，最为可控、最为根本的摆脱陷阱的方式依然是促进内需，因此增加就业（国家大力提倡创业）并且最大限度地丰富产业结构，尤其是第三产业——服务业是在大环境低迷条件下的一个重要补充动力，以针对小众的特殊定制服务开启德国式工业，加大第三产业的升级力度，并让优秀的企业有机会进入制造业领域，提升研发水平。同时合理促进城镇化，加强农业集中化和机械化，让农业人群收入得到极大的提升。城镇化新人口对于制造业的需求也是一个补充动力，但关键是我们不能在这个节点更多地发展制造业，否则只会因为短期动力造成更大的产能泡沫；相反，我们要精简现有的制造业产能，加速研发和产品的升级换代，这将是这股动力的真正作用。提升城镇人口收入，将是补充所有动力的联动环节，因为只有城镇人口收入增加才能带来更多的第三产业创业机遇，带动新城镇人口的消费欲望，为制造业升级转换提供动力，所有的环节必须环环相扣、紧密连接，尽量避免外部环境（国际市场）的变化造成陷阱入口扩大、加深。

总之，进入中等收入行列的中国面临着一系列发展的风险，而中国具有的特殊条件会提供跨越中等收入陷阱的许多选择。不过，所有这些选择的实现都需要一种稳定的社会经济环境予以保障。其中工业方面发展高技术产业，为经济增长提供可持续的动力和后劲；农业方面必须解决人地矛盾，发展适度规模的家庭农场与发展全覆盖的城乡社会保障，缩小城乡收入差距，缩小贫富差距，降低基尼系数，扩大中产阶级，形成两头小、中间大的榄型社会结构。这是中国越过中等收入陷阱的必由之路。

10.2 确权是建立农地产权市场的基础

家庭农场发展需要良好的农地产权市场环境。在这个市场环境中，农地产权可以通过市场流转，使家庭农场在竞争中日益优化和发展壮大。农业在产业结构中是基础产业，但农业生产规模是长期没有解决好的问题。国营农场和集体所有制中的均田分包制农业，有规模没效率；而家庭均田分包制则有效率没有规模。说到底，模糊的农地产权制度使农地产权不能进入流通领域，使农地产权市场无法建立起来，严重地制约着家庭农场向适度规模经营发展。必须通过确权，明确产权主体，使农地产权具有流通、抵押、出租和流转的功能。

一个有效率的产权制度，至少有三个要求：一是产权主体明晰的农地产权主体。产权的界区非常清楚，产权主体能承担民事责任及后果。二是农地产权的规模，使用权的权能可分离也可合并。使用权权能可脱离所有权而转让、租赁出去，在转让、租赁的有效期内不受所有权者的调整和干预。三是农场产权主体有权按照市场需要来确定和开展生产经营而不必按政府或其他人的意志去经营。农业发达国家的现代农业企业是能做到和具备这三个要求的，在我国，要做到这三个要求困难，因为现行的产权制度阻力很大。首先，产权主体不明确，集体农地的土地经营主体是家庭，产权主体是集体。国营农场也一样，经营主体不是职工而是国家。这就是所有权与使用权均集中于集体和国家。其次，农业经营系统没有法律依据，不能拥有完全的经营决策权和土地的处置权。这是由于所有权与使用权均集中在集体和国家，以致农业经营单一。虚拟化的集体由村委会和村民小组组成，一村一组是所有制和所有权的象征。然而村委会和村民小组作为经营单位并不存在，也并不是法人。村委会虽不是行政单位，却具有行政性的管理职能；而作为经营单位的家庭产权的权、责、利结合，自负盈亏，却没有法人地位。国营农场中的工业企业可以成为法人，但农村农户不能，法人的权利与义务必须统一和对称，不能只有权利没有义务，也不能只有义务没有权利。现在存在的问题是义务多于权利，这是不利于现代农业发展的。村委会本身只有土地所有制的规模而没有土地使用权的规模，仍然是以家庭为单位的经营主体，但也和农村均田分包制的农户一样没有法人地位。再次，各级行政部门对经营主体的行政干扰破坏和阻挠了农户以市场为导向发展生产经营。最后，农地产权不能进入流通渠道，产权资源不能实现有效的优化配置，也阻碍了农地产权规模在市场化竞争中兼并、优化和扩大。这四个方面是我国现代农业家庭农场制度的障碍，必须清除这些障碍，才能推进我国现代企业制度的建立与发展。

现行的农地产权制度不利于家庭农场发展，必须以改革现行的农地产权制度为先决条件。这是由以下原因所决定的：

第一，现代企业制度需要产权明晰的产权主体。现行的农场产权是不明确的。除了所有制是国家和集体之外，使用权是国家的、集体的还是经营者的，而经营权是否也属于经营者，分不清楚。在产权主体不明确的前提下是不可能建立现代型家庭农场制度的。

第二，现代农业法人企业制度需要有法人资格，具有民事责任能力。从家庭农场到村小组、村委会、管理区等都不是法人，而是农户、村小组、村委会、管理区、乡政府、县政府依次隶属的行政附属关系。

第三，现代法人农业需要以市场为导向，实现平等交换。现阶段农地产权制度不清晰，农户不能以市场为导向，受到的行政干预较大。各级政府可以根据当地的产业偏好，用行政手段和行政命令来调节生产结构，如今年要你生产多少水稻，明年又要生产多少甘蔗，后年又要生产多少亩水稻来调节生产结构，周而复始。尊重农民自主权是一时的口号，但没有法律保障。即使能尊重一时，过不了多久就会重新以行政命令和行政权力干预农业。鉴于以上因素，建立现代企业制度必须改革现行农地产权制度，为现代农业企业创造制度环境和现实条件。

第四，确立家庭农场法人的主体地位，建立现代农业，改革农地产权制度。长期的实践证明，依靠合作化、公社集体化的一大二公的产权主体和均田分包制度，是不可能实现传统农业向现代农业、自给农业向现代农业、自给农业向规模商品农业转变和过渡的。要实现这一转变和过渡，没有别的捷径可走，只有建立现代农业企业的法人制度，围绕这一目标，改革现行的农地产权制度，确立家庭农场法人的主体地位。我国农业从国营农业到集体农业的家庭承包到户，都没有法人地位，至今它们还是各级政府及主管部门的附属物。给予农业承包必须都有国营农场和集体农业的家庭承包，给予国营农场和集体农业以股份形式合股投资的合作农场、合作社、合作公司法人资格，确立它们的法人地位。政府与这些家庭农场和股份合作农场、合作社、合作公司等，已由依附关系变成法人的平等关系，从此企业成为真正的主体，不受任何行政单位和个人的超经济的干扰。

家庭农场的发展壮大，需要开展横向合作，内引外联，使农业企业与工业、商业、旅游业、房地产等连为一体。这样家庭农场和股份农场就从单一农业走向农、工、商一体化综合发展。随着股份农业企业的发展和壮大，以及国内市场的开拓和扩大，农业企业将由农、工、商发展模式进一步向贸、农、工的现代化发展模式转变。以市场为导向改革的家庭农场农户和股份农企业本身来决策，这使家庭农场和股份农业企业的生产经营活动以市场为导向，随时调整以适应市场的变化。家庭农场以企业化、专业化与多元化并存发展，集贸、农、工综合发展。

第五，需要健全的农民协会。现代农业发展离不开农会组织的发展，欧美发达国家和新兴市场经济体都有自己独立健全的农会组织来维护农民利益。在我国，在与国民党夺取政权的斗争中及进行土地革命时，都建立了自己的农民协会。现在革命成功了，反而解散了农民协会，这是不利于农民权益保护和现代农业发展的。现在一些地方出现农业协会，这是行业性协会，不能代替农民协会或农会的功能。农业协会重在生产流通合作，农民协会或农会重在权益保护。两种协会可以并存不悖。

10.3　发展家庭农场要化解人地矛盾

围绕如何解决我国日益尖锐的人地矛盾问题，笔者分析了我国从集体共耕制到均田分包制轮回施行的农地产权制度缺陷，认为集体共耕制或均田分包制是在传统框架内的调整，无助于人地矛盾的解决，在维系传统农地产权制度下无法克服小农户生产的固有缺陷。农业根本出路在于通过实行农地产权制度创新，在实行有效的产权制度安排基础上来解决人地矛盾，实行适度规模，迈入现代化农业轨道。

农业的规模与效率问题一直是困扰我国农业经济的难题。我国农地产权制度在建立社会主义制度以来的近半个世纪中，都是在进行共耕制—均田制—共耕制的轮回，中国农业始终未能摆脱传统农业的桎梏。中国加入世界贸易组织后不能再停留在这种循环上了，要走出传统农业的困境，就必须充分认识我国传统农业体制的固有缺陷，排除制度障碍，这样才能解决人地矛盾，使中国农业走上规模化、商品化的现代农业道路，在农业全球化的激烈竞争中获得生存与发展。

10.3.1 我国人地矛盾日益尖锐，困扰着家庭农场的适度规模

新中国成立初期，我国人口约4.9亿。当时我国城乡人口构成为1.06∶8.94，农业人口约4.38亿，农民人均拥有土地约3亩，全国有农户约8 000万，户均土地18亩。那时，在户口制禁锢下，城市人口仅依靠城市本身的自然增长，农村人口得不到城市化的吸收与改造，农村人口高增长惯性就无法改变，增长率持续三十多年保持两位数以上，直至2001年人口自然增长率才降至9.58%。即便如此，每年增加人口仍在1 250万以上。2002年我国城乡人口结构为3.3∶6.7，这里面还包括一些撤地改市、撤县改市后，把农业人口也计算在内的有水分的数据。如果挤去水分，城市人口充其量也只占总人口比例的28%。按此比例，目前农村人口是9亿，农民人均土地为0.07公顷，户均土地为0.55公顷。户均规模下降幅度大于人均幅度是因为家庭人口规模下降。虽然农业亩产量增加了，但农户在农地上的生产收益不但没有增长，反而下降了。在现阶段的农户收入构成中，只有1/3来自农业的收入。农业生产也由主业变成农民的副业。然而在全国各省区，由于经济社会发展的不平衡，仍有不少农户因缺乏渠道而没有非农收入，收入只靠农地生产，由于其耕种面积小，收入之低就可想而知了。据调查，承包后的农户的平均土地规模仅有0.55公顷，而且地块零碎，这使土地经营规模比土地经营面积数字所显示的规模更小，每个农户的土地平均被分割为9.7块，块与块之间被分隔在不同的耕作区间。

从静态来看，我国要在户均土地0.55公顷的基础上走向规模化、

商品化的现代农业是根本不可能的。从动态来看，随着时间的推移，农村人口增加，土地将进一步被细分，农户后代的分家立户还将衍生出一批新的小农户来，届时这批小农户拥有的土地面积规模就更小了。按照我国目前农村人口向城市转移的每年计划转移率为占总人口的5‰的速度计算，每年转移量为700万人左右，到2050年转移总量是3.3亿人，每年向城市转移的数量正好相当于农村每年人口净增长量的70%。那么除现有农村人口基数9亿外，每年还纯增550万人得不到消化而积累在农村。2050年后就是2.5亿左右，那么届时农村人口总量是10.5亿，平均每户仍为4人，农户仍然保持在2.5亿户。由于城市发展用地使农地和土地荒漠化，土地减少约1亿亩，届时的户均面积将会进一步减少。由于农业收入增长非常缓慢，届时城乡差距必将进一步拉大，中国农民在世界农民收入的横向比较中就显得更低。这是我们不愿看到的现象，但如按目前的发展势态与思路发展，其结果又必然是如此的。不管我们现在承认不承认，我们的后人必然面对这样的结果。

我国在1978年普遍实行的家庭联产承包责任制，确立了以家庭经营为单位的经营形式，这从根本上克服了集体共耕制的“大锅饭”“大呼隆”弊端，使农民获得了生产经营的自主权，并把勤劳致富的内在动力与发展商品经济的客观要求有机结合在一起，推动了农村产业结构的调整。生产力水平提高了，农业生产连续几年获得了高增长，使广大农村基本解决了吃饭、穿衣问题，得以休养生息，并且在种完田之后能有剩余时间到市镇务工经商，以致农业成了农民的副业。因为种田收益太低，甚至赔本，如果只种田就无法满足和维持农民日益增长的物质文化需求。但把农业长期作为一个副业又不利于我国农业的发展，因为小农户耕种面积太小，地块分散零碎，不利于调整作物结构和实行合理的轮作，不利于合理灌溉、植保，也不利于合理使用农业机械及采用现代技术。再者，善于经营的农户又得不到足够的土地进行规模经营，专长得不到发挥；而一些转入城镇务工经商的劳动者及农户又不转让土地，许多地方出现土地撂荒现象，或免费请人代耕，甚至出现出资补贴让人代耕土地的情况。长期把农业作为副业对进入城市的农民来说是为了解决后顾之忧，一旦政策变化，被清退回乡时有一份保命田依托“维生”。但这对我国农业现代化发展来说是相当不利的，它浪费了土地资源，降低了产量收益。从1984年开始，中国农业生产就出现了连年的徘徊现象，小规模经营是主要原因之一。从发展来看，在实行有效的产权制度创新基础上扩大经营规模，这是中国农业的根本出路和无法回避的选择。

10.3.2 集体共耕制和均田分包制都不能解决人地矛盾

新中国成立以来，中共中央和政府一直寄希望于通过土地制度变革来实现农业现代化，让农村农民富起来，达到和城市居民同样的生活水准。然而这一愿望并没有实现，我国农村农民与城市居民的收入与生活水平不但没有缩小，反而在扩大。至今我国有9亿多农民，尚有1.5亿人生活在贫困线下。15亿亩土地分散给2.6亿农户经营。半个多世纪以来推行的集体共耕制与均田分包制都是传统的农地制度框架内的形式变换，并未触及产权制度的深层次问题。因而，不管是集体共耕制还是均田分包制，均无法解决人地矛盾。

社会主义制度建立以来，中国的农地经营体制和形式经历了共耕制与均田分包制之间的轮回。1949—1953年新中国刚建立而社会主义经济制度尚未建立起来之时，实行过个人的农地产权制度安排，这一安排是有效率的，农业生产发展很快。然而经过1953—1957年实行合作化走上社会主义集体经济的道路，1958年实行公社化，发现依靠阶级感情和社会主义觉悟维持的生产积极性难以持久维持下去。因为公社产权难以监督，出工不出力，“磨洋工”成为普遍现象。1962—1976年实行三级所有、以队为基础的公社集体共耕制。共耕制的致命缺陷是有“规模”没有效率，集体共耕制的产权制安排无效或低效。

现行的均田分包制，存在产权和规模双重缺陷。均田分包制是1978年以后对人民公社集体共耕制否定之后实施的一种经营形式。这种形式是把核算单位从生产队分散到各家各户，经营形式类似于新中国成立初期的土地个体所有制的经营形式，但产权制度不同于个人所有制，土地的所有权与使用权没有集中于家庭农户手中。均田分包制的农地产权的所有权和大部分使用权是集体的，农户只享受30年的使用权期限。实现集体共耕制向家庭承包制转变是适合农业生产发展的一种产权制度安排，但规模过小，使用权残缺，只有30年的使用期限，土地产权又不能流转和集约兼并，家庭承包制从实质上说不是产权制度的根本性变革，而是产权制度的改良。产权的所有权为集体所有，没有变化，只改变了土地使用权的形式，即由原来的人民公社三级集体所有三级使用，变为把使用权下放为家庭农户使用。然而这个使用权还不是完全意义上的具有法律意义的使用权，如均田分包户的这个使用权的期限开放为15年（实际上许多地方不到10年，就已随人口的增减调整了好几次）；而且规定土地、农户在土地使用权期内不能买卖、转让和抵押，均田分包的农户只享有部分使用权。后来增加到30年，不再限制流转，进而允许和鼓励流转，但由于没有完善的社会保障，谁都不愿也不敢转让和流转。这样，土地使用权就不是法律规范保障的完整意义上的使用权，而是一种残缺不全的使用权。因此我国现行的均田分包制仅是对集体共耕经营方式的一种改良，并不是具有效率的产权制度安排。这种均田分包制为什么能在1984年全国普遍实施，当年生产达到高峰，而第二年以后连续多年回落和徘徊？这既说明了这种经营形式改变落后面貌、能量释放潜力的局限性，又说明了这种均田分包制产权制度的缺陷。

均田分包制产权制度存在缺陷，农地产权不能流转，土地难以集中而长期维持小农户的经营规模。这种农地产权制度缺陷如果不纠正，是不可能解决农业问题的。在均田分包制实施以来，全国农村共有2.5亿户家庭为均田分包户，耕种1亿公顷的土地，平均每万户为0.55公顷，人均耕地0.07公顷。由于经营的土地面积过小，过去除了缴纳公购粮及留种外所剩无几，许多农户自给都有困难，只能靠兼营其他工种来补充。如不兼职，农民生活则十分贫困。种田的农业生产资料受自由市场的价格调节，而农民出售的农产品往往受到政府的价格控制，除了以低于市场价，甚至低于成本价派购合同订购外，有的地方还打白条，使农民种田不但无利可获，还要亏本负债。全国15亿亩土地由2.6亿农户耕种，形成这种均田分包制的超稳定的凝固状态。2006年取消农业税后，虽然有农业补贴，种小块土地的农户收入状况有所改善，但仍然难以富裕起来。这种小农经济式的小生产经营制度，使用权的范围和权限很小。使用权无法通过农地产权市场的流通和转让实现优化配置，中国家庭承包制的小农户生产潜力释放已尽，面对入世需要通过制度创新，寻求生存与发展。下一步中国农业怎么搞，又面临着一场新考验。有人提出类似过去的以土地入股的合作化方式。这会不会在新的历史条件下又一次重复集体共耕制的老路？虽然均田分包制要演变，但老路不可再走，这是中国人民用巨大代价换来的惨重历史教训。

集体共耕制规模失效及制度存在缺陷。我国在新中国成立初期曾认为我国农民贫困根源是小农户经济的规模太小，难以提高农民生活水平，更难以实现农业机械化。为了提高农民生活水平，改变小农户生产的格局，于是决定引导农民走社会主义集体化和人民公社化的道路。1953 年开始在农民个体私有土地产权的基础上，以土地合作化运动的形式把刚刚对国民经济恢复时期新政权的巩固起了很好作用的个体所有制的农地产权制度进行集体化改革，通过互助组、初级社、高级社、人民公社的四级升级，逐步引导农民从以土地为股份入社分红到平均分配等一系列紧凑的步骤，由一家一户家庭个人所有制的农地制度，发展成为由几千上万户组成的公社集体所有的产权制度。从 1958 年 8 月中央号召推行人民公社制度到 11 月初，全国农村全部实行了人民公社化，原有的 74 万多个农业生产合作社改组成立了 26 000 多个人民公社。参加公社的有 1.2 亿户，占当时全国总户数的 98% 以上。这种以所谓的典型引导与行政手段相结合推行的以人民公社为标志的集体化道路，在 1958 年进入高潮时，达到失去理性的狂热程度。一些地方提出：跑步进入共产主义，一年建成共产主义。然而，这种规模的扩大并没有解决人地矛盾，人均土地面积并没有增加，公社化前与公社化后的人均拥有面积都是一样的。人地矛盾没有解决，又出现了新的问题，就是共耕制的低效率问题。人民公社的集体共耕制给农业生产带来灾难，造成的严重后果从 1959 开始陆续暴露出来，并连续危害多年。农业生产从 1959 年起连续三年大幅度下降，平均每年下降 9.7%，1959 年粮食产量比 1958 年减少 3 000 万吨，1960 年又比 1959 年减少 2 650 万吨，1960 年比 1957 年下降了 26.4%，1962 年国民生产总值下降至 924 亿元，比 1957 年还下降了 17%；财政四年出现赤字，共 180.3 亿，平均每年赤字 45.1 亿元；人民城乡储蓄大幅下降，由 1958 年的 55.2 亿元下降至 1962 年的 41.1 亿元，下降 25.54%。农业作为基础产业造成的损害是最大的，波及当时的 6 亿人口。1958 年的共产风、浮夸风盛行，农民因饥饿至死及非正常死亡的有 3 000 多万。人民公社共产风的集体共耕制实施的后果，就是我国付出了沉重的代价。这种共耕制的产权制度本身存在着缺陷。产权所有权和使用权均在政社合一的公社政权组织中。人民公社化高潮时实行公共食堂，吃饭不要钱，人人出工不出力。虽然后来在公社一级所有的机制运行不下去时，又划小了核算单位，但以生产队为基础的人民公社的三级所有的集体所有制形式，和过去单一公社所有制相比不过是多出大队和生产队两级核算组织，经营规模划小了一些而已，这是在人民公社体制内部的调整，并没有触动人民公社的体制。1978 年由中国各地农村农民自发实行分组作业到家庭承包，经过多年的实践，确实对克服平均主义、调动农民的积极性、发展农村经济有显著效果，得到当时中央政府的肯定和推行。1994 年全国范围内开始落实家庭承包联产计酬的农业生产责任制，简称家庭承包制，取代了人民公社的集体共耕制。

由此可见，集体共耕制与均田分包制都不能解决人地矛盾。股份合作制也不能解决人地矛盾。原因很简单，就是没法解决人地矛盾。“文革”结束后，集体共耕制被均田分包制取而代之，经过十多年的潜力释放之后潜力很快见底，人们又觉得均田分包制不能解决中国农业出路的问题，于是又想到集体共耕制。也许是过去的集体共耕制仍使人心有余悸，于是变换形式，如土地股份合作制或股份经济合作社，以土地入股按股份分红派息，类似 20 世纪 50 年代合作化的初级社形式。入股分红对农民具有吸引力，但农民顾虑重重，担心这是一个圈套，像 50 年代那次那样以股份分红为诱饵，进而将股份一律充公，成为公社集体财产，又一次踏入被剥夺按股份分红的陷阱。有的地方竟保留实行家庭承包制前的统一核算、统一经营、统一支配、统一分配的旧制度，并不惜成本实行典型引路，企图走集体化的老路。这些迹象都预示着新一轮的经营形式开始轮回变化。均田分包制将又向集体共耕制回归？虽然这次持股不会取消分红，农户农民可长期拥有股份，不用担心股份充公，但股份最后还是被取消。在原有的人地规模既成不变的前提下，经营方式发生变化，但产权制度并未发生变化，与此相联系的人与土地之间的比例关系并没有发生根本的变化，人地矛盾依然十分突出。是脚踩西瓜皮，滑到哪里算哪里，还是进行产权制度改革创新向前走？是坚持在这个封闭系统内自我循环，还是跳出这个怪圈？这些都必须做出抉择。共耕制—均田制都是维持现有人口与土地比例基础上的一个封闭循环。就是这样一个封闭系统内超稳定的循环，使中国农业难以走向和迈进现代农业的发展轨道。事实严肃地向我们警示：中国现代农业是不可能在维系这个超稳定的农地产权体制度体系中找到任何出路的。

10.4 只有产权流转才能解决人地矛盾

从国际、国内经验来看，制度创新可以促进生产发展。有效的产权是可以流转的。制度创新有有效与无效之分，并非所有的产权制度创新都可促进生产力发展。无效的制度创新不但不能促进生产力发展，反而起到阻碍生产力发展的作用。比如，“大跃进”、人民公社的体制“创新”升级，从实践上看是失效的。又如新中国成立初期，我国把部队开往边区省份创立的“国有农场”，作为当时农业生产组织先进的产权制度安排，从发展资金、技术和设备都优先保障。但是国有农场并未对全国农业发展起到样板和示范作用，国有农场也紧随农村联产承包制之后实行了类似农村那样的以职工户为单位的联产承包制改革，一个无效的产权是不能流动的。那么，我国开展农地产制度改革的目标之一，就是实现产权流动。

10.4.1 确立土地使用权的法人产权制度

土地使用权是土地产权的核心产权，事实上是一种物权，必须加以强化和立法保护，保证农户依法享有比较完整的土地产权。完整的农地产权包括使用权和抵押、出让、转让等权利，应依法给予保护。使用权作为一种物权，从国家和集体中分离出来后，必须保证使用权者获得比较完整的包括使用权、抵押权、出让权、转让权在内的权利；必须把过去已打了折扣的土地权全部归还农户，让农户享受较完整的土地产权权能，使农民的土地产权权能依法行使和受到法律保护。长期以来，我国以农村土地是集体的或者是国家的为由，不给予农户土地的法人产权地位，以致对农户随意侵权、增加农民负担的现象（如强迫农民种什么不种什么、收购打白条、摊派捐献等）屡禁不止。建立农户土地的法人产权制度已不容拖延，如同国有企业资产是国家的，并没有影响建立企业法人产权那样。所有权无论是集体的还是国家的，并不影响农户土地法人产权的建立和运作。

10.4.2 实行农地产权与城镇等其他产权同地同权同价

延长土地使用权的年限。城乡土地使用权的年限差别很大，农村一般为15～30年，城市则有50～70年，这明显是不公平的。商用的、居民用的可以延长到70年，农业生产农用的为何就不能达到70年，故应由目前的15～30年延长到50～70年。这不仅是城乡均等公平的需要，更是农业生产发展和保护的需要。使用权时间越长，越有利于农民对土地的投入与地力的培养，最终有利于土地肥力的增强与提高。城市土地增值快，尚且延长使用年限，农村土地增值很慢，更需要延长使用年限，为什么不延长反而缩短？这是导致农业和农民出现“短期化”行为的深层次原因。只有实行农地产权与城镇等其他产权同地同权同价，还要在使用权年限上同期，才能克服土地使用中的短期化行为，有利于对我国农地的科学保护，如土地质量的提高与土地肥力的保养等。目前城乡土地因所有制不同，即便是同一处地方的土地，其价格也大相径庭。同地因不同制而不同价，是完全违背市场价值规律的，必须打破因所有制而造成的事实上的价格与价值背离，严格遵守市场价值规律与原则，实行同地价。地价由价值而来，而不是由所有制而定，要建立统一、公开、公正、公平的土地产权市场。

10.4.3 实行土地使用权的自由流转

土地使用权是一种物权，是土地产权权能中的核心产权，应具有和包括租赁、抵押、转让的权利。这样不仅可使农民在不愿意种田时把土地转让出去，也使需要和有条件实行规模经营的农户能获得更多的土地以实行规模经营。为了保证转让出去的土地能进入从事经营者的手中，政府要加强对转让土地的管理，可由政府按市场价格收购土地然后再等价转让给种田能手；同时，政府对购买土地使用权的用户进行监管，以防止购买者不将土地用于直接生产性经营，而用于囤积与出租。

10.4.4 加快农村人口向城镇的机械转移

为实现规模经营创造条件，解决人地矛盾，没有任何捷径可走，只有加快农村人口的城镇化转移。农户微观上的适度规模要靠政府的统一规划与宏观调控来实现。以省、市、自治区为单位推进户籍制度改革。降低入城门坎，除全国少数特大城市外，对大、中城市的户口要适当放开。在各省、市、自治区内放开中小城市和县城乡镇的户口改制，对于在城市乡镇购房者，每15平方米可配一个户口；对于没有买房的，在同一城市连续就业居住四年以上（含四年）的守法公民，即没有违法犯罪记录者可给予入城户口。对于县级市和县辖的城镇完全放开，自由迁入居住，办理小城市和城镇户口不得收取任何费用，不得附加任何条件，以便尽快提高我国的城市化水平，为我国实现农业现代化所需要的适度规模释放压力，创造条件。推进城市化，各级城市政府需要加强对城市的规划与建设投资，各方面的服务设施和管理要跟上，要把城市化水平列为考核各级干部的重要依据。要坚决杜绝和防止一些地方把农村人口统计和上报为城市人口的假城市化现象出现。

11 家庭农场与产权制度创新

11.1 围绕新型农业经营主体开展第四次土地改革

新中国成立以来，我国的土地制度经历了 4 次变迁。如果从中国共产党诞生后领导的土地改革算起，历史就更长了。第一次土地革命至新中国成立后的第三年，时间跨度为 24 年。后者除大体坚持前者的规则外，还适当地进行了调整，如将前者规定的没收一切土地改为没收公共土地及地主阶级土地，采取按人口平均分配和抽肥补缺的办法。1930 年初，毛泽东总结制定了著名的土地政策：依靠贫农，限制中农，保护中小工商业者，消灭地主阶级的土地政策。在这个政策推行下，中共的根据地到处出现了分田分地忙的现象，农民分到了属于自己的土地，极大地激发了参军参战的积极性。当年兴国县就有 3 000 人参加红军，南方就建立了 15 个根据地。有 300 多个县开展了打土豪分田地的行动，1930 年全国红军就迅速扩大到上十万人，直至新中国成立后的第三年即 1952 年。

第二次是 1952—1977 年集体化人民公社的土地制度，时间跨度为 25 年。这次土地改革的目标模仿苏联集体农庄式的人民公社集体共耕制度。这次改革采取温和的引导式的方式，先采取群众可以接受的入股分红方式，到全民参与后，再取消股权，实行入股土地、农具不论多少全部充公的平均主义分配方式。1952 年后，建立初级社，以合作占有形式的土地入股，一夜之间取消了农民在初级社中以“合作占有”形式存在的土地入股，享受按比例分红的权利，这实际上就是取消农民的土地所有权。接着 1958 年人民公社化，“一平二调三共产”，“五风”泛滥一度使农民的生产资料、生活资料所有权都被废除了。

随后，全党整风整社、纠错，从1961年开始制定“公社条例”，到1962年“60条”修正草案出来，公社所有制范围（称核算单位）退到了“三级所有，队为基础”，实际上是从开始的以公社、大队为核算单位退到了以生产队（村民小组）为核算单位。但最实质的农民初级社享有的土地入股分红权，即农民土地所有权没恢复。①

第三次改革是从1978年至今，这次改革的直接结果是包产到户，普遍落实农业生产联产承包责任制，从集体共耕制过渡到以家庭为单位的家庭承包制。1978年中共十一届三中全会拨乱反正，提出改革首先从农村开始，搞家庭联产承包责任制。其实质就是让农民在新的生产经营形式下，一定程度地实现初级社时的土地、产品的合作占有和享有权，是农民所有权的一种回归。② 但是，笔者认为，它跟1952年前的个人土地所有制又不是一回事。合作前的土地属于个人，而1978年以后承包到户的土地仍然属于集体，即由公社、大队和生产队三级所有，变成乡镇和村委会及村民小组所有。土地使用权仅仅在一定限度上下放给农民而已，土地所有权和使用权仍然掌握在乡镇、村委会和村民小组手里，体现在这三级组织随时都有权处置已经包到农户的土地使用权，如改革农业用途、征用、转让等，而农户则没有转让、流转土地使用等处置权利。正是由于家庭承包制的土地所有权缺陷，这一次联产承包责任制的土地经营方式改革，使得我国农村实行家庭承包经营体制“对农业生产的影响只是一次性的突发效应”。1984年以后，这种制度变迁的冲击力已经释放殆尽，③ 从而在全国范围内，发生许多强征、强拆等强制剥夺农民土地使用权的现象。这些现象至今还没有得到有效遏止，还有愈演愈烈之势。活生生的事实给我们提出一个严峻的问题，推进下一轮土地制度改革，刻不容缓！

第四次土地制度改革目标应借鉴前三次的改革经验教训。要吸取教训，不要重犯同样的错误，同时要吸收成功经验。如第一次土地改革，实行土地个人所有制，不仅促进了生产力发展，还调动了农民参加革命的积极性，为中国共产党取得全国政权奠定了基础。如最典型的1947年林彪带领的第四野战军在进入东北时只有十多万人，进入东

① 江惠生主编：《广东农村改革发展史论》，北京：人民日报出版社2009年版，第8、259页。
② 江惠生主编：《广东农村改革发展史论》，北京：人民日报出版社2009年版，第8、259页。
③ 胡书东：《林毅夫评传》，西安：陕西师范大学出版社2002年版，第21页。

北后，开展土地改革，让东北人民获得土地，结果人民纷纷参战，第四野战军迅速增至百万人，使共产党领导的军队在国共内战中由战略防御转入战略相持阶段，再转入战略反攻阶段。辽沈战役，夺取东北就为解放战争节节胜利奠定了基础。新中国成立后，又在一些原来国民党统治的"国统区"开展了土地改革，分田到个人，实行了土地的个人所有制，尽管时间只有两年左右，但农业生产迅速发展。农村和城市很快恢复国民经济，说明这个时期的土地所有制得到有效的制度安排。既然是有效的制度安排，就应该重新实施。为此，就要抛弃一切思想顾虑和意识形态观念的标签，还土地产权于民，实行土地所有权的民营、民享、民有，为以实现家庭农场化为主体的新型农业生产经营体系创造和提供制度条件与制度保障。1978 年改革开放初期，实行家庭联产承包责任制解决了"民营"问题。2006 年，取消了农业税，并对农业进行补贴后，农民获得了"民享"。下一步，围绕建立以家庭农场为主体的农业生产的新型经营主体，按《物权法》还权于民，就是实现"民有"。只有民营、民享、民有一并实现，才是完整的现代意义上的家庭农场产权，才能为发展我国家庭农场经济奠定制度基础，提供制度保障。

11.2 实行土地使用权的永权制

发展中国的现代化农业要走家庭农场的道路。首先，解除土地公有制的束缚。这是因为土地公有制是一个空洞而无人负责的产权制度。土地公有成为国家政府直接经营与干预农业单位的代名词，也成为农产品不能按市场自由定价的制度障碍。这种土地公有制成为中国无法走出传统农业文明的历史桎梏，要摆脱这一历史桎梏，破除土地公有制观念是不可回避的历史与时代的选择。解除土地公有制的同时建立土地民有制——提起民有制会引起许多人条件反射式的反应。由于过去几十年来社会主义国家"一大二公"泛滥的观念意识，废除私有制的实践给社会主义国家造成的危害和影响也为世人所共识，因此公有制并非救世良方。然而实行私有制改革又步履维艰，不断遭到各种观念的抵制和阻挠。其实私有制并不是万恶之源，公有制也不是神圣之源。在漫长的封建社会里，土地是国有的，人民并没有享受到好处。在资本主义社会，虽然土地是私有的，但人们生活得并不比封建社会的人们差。一旦农业真正实现规模化、商品化和机械化，小农经济就会成为历史的回忆。因此农业现代化除了在工业革命的带动下产生巨大效率外，产权的私有是根本的原动力。资本主义一百年创造出的物质文明超过以往一切社会历史创造的物质文明，而土地公有制在封建社会实行过，当代社会主义国家和民族主义国家正在实践，却并没有创造出像资本主义那样的巨大的社会生产力和社会物质财富。一种土地公有制度经历长期的历史的反复实践和比较，既然不能给社会生产力发展带来好处，不能造福于民，为何还要恋而不放呢？一种阻碍社会生产力发展和违背民意的土地产权制度，是没有任何效率和生命力的产权制度。如果一味强行保持和推行下去，只会给国家带来灾难，拖延实现现代化的历史进程。这种历史的教训应当吸取，不再重蹈覆辙。

其次，推行土地民有制要法制化、制度化。赋予土地农场主一个独立的法人地位，使其享有与城市工商企业同等的权利与义务，切断农业企业与政府的脐带关系。制度化是农业企业作为法人应受到的法律保护，不允许超经济剥夺。民有化并不是不要政府的管理，而是要体现公平竞争。政府的积极作用在于制定游戏规则和充当“守夜人”，保护这种竞争的公平性。土地私有不是无限制的私有，而是有控制的私有，为了防止土地的过度集中，可以根据各地比例、工业化程度和进程情况确定家庭农场土地面积的上限与下限。如超过上限，国家政府随时有权按照土地等级价格进行收购，然后转让给不足下限的农户；规定农户下限的土地面积是为了防止小农经济的延续，不达下限的农户政府有责任敦促其购买农地，如在一定时期内不肯扩大经营规模的则要动员其转业，政府有关部门有责任辅导其转业，使其进入城镇转业谋生，或在农村从事商业运输服务等。这样能把零散的土地集中成片，便于土地重划，按现代家庭农场的要求进行农地规划，以便机械化和专业生产。通过土地民有化和土地重划，既能提高土地产权的运行效率，促进生产力发展；又能把往昔积压在农村的剩余劳动力释放出来，从事城市的第二、第三产业。加速产业的升级，而产业升级反过来又回报农业，既可以克服小农制下的土地分割零碎越分越细的现象，又可以防止私有制的兼并集中，使家庭农场经济在保持公平竞争的优良环境下共同发展。

11.3　落实《物权法》，还权于民

农业是我国国民经济的基础，在经济全球化和市场一体化的今天，农业变成战略产业。农业成为支持我国第二、第三产业发展的基础，是稳定社会的物质保障。农业的发展取决于土地存量的制度安排和技术投入。尤其是土地的产权制度安排与设计，是实现我国从传统农业向现代农业转型的保障。实行农地产权制度创新，对于实现我国农业可持续发展具有重大现实意义。当前我国农业土地制度存在诸多问题，诸如农地产权主体模糊，所有权与使用权相交相争问题；既有所有权干预使用权，也有使用权权能不足，使用权限受限不能发挥使用权应有的功能问题；有集体土地与国有土地同地不同价的二元土地市场问题；也有土地用度被随意改变的问题，如此等等。土地的产权制度改革是实现我国从传统小农制农业向现代农业的家庭农场经济转型的保障制度。因此，我国土地制度亟须进行一次深入改革，要以《物权法》为动力推进我国农地产权制度的改革。

农地产权市场混乱凸显农地产权缺陷。当前农村产权市场处于极其混乱的状态，这种状态已呈愈演愈烈之势，以致侵犯了农民的土地产权权利，破坏了农业生产和农民的正常生活，给农业的可持续发展和社会稳定造成消极的负面效应。农村土地产权市场的乱象，归结起来有以下几个方面：

（1）农村和农业土地的同地不同权、同权不同价的二元价格体系。目前我国土地产权存在城市全民所有制和集体所有制的两种用地。因所有制的性质不同，土地的价格就不同，城市全民所有制的土地价格很高，而集体所有制的价格很低，低至只有城市全民所有制的几十分之一甚至几百分之一。如此的差距，使各地都热衷把城区规划向周边延伸，原来大片的农业用地被政府规划征用，价格马上大涨，来了个华丽转身。但是失去土地的农民从此失去生产和生活依存的命根子，因为他们所得的征地补偿太少，不能够从土地被征后获得后续生活的保障，许多被征地的农民沦为三无游民的社会边缘群体。农地产权市场的乱象，凸显了农地产权制度缺陷。

（2）滥征强圈，掠夺农民的土地使用权。自20世纪90年代以来，地方各级政府以建工业园区、开发区为借口，对农村和农民的土地实

行滥征强圈，只要是政府和企业（及开发商）看中的土地，政府就出面行使行政权征用，不管当地农民是否同意，一般都能把它征圈到手，而且征圈的成本极低，与征圈后招标拍卖所得的暴利相比，几乎可以略去不计。农民眼睁睁地被剥夺了土地财产权。

（3）官商勾结、腐败形成的利益链。征地转让开发产生的官商勾结、腐败。关于国家征地，主要限于国家公共工程建设。然而，实际的操作中远远超出这个范围，除了有少数项目确实是公共设施建设需要外，绝大多数用作商业性的开发区，尤其是商品房地产开发。这就是说相当一大部分征地是不符合国家法律法规的。巨大的利益诱惑使各地铤而走险，滥征强拆，由此产生官商勾结、腐败的现象。在各地不时暴露的强征强拆的案件中，都有官商勾结的腐败行为。对农地征地的管理掌控不严，滥用行政权为官商勾结和腐败提供可乘之机。农地征收转让不仅侵害农民权益、产生腐败，而且使农业用地资源流失，破坏农业可持续发展。

（4）农地产权主体缺位的现象凸显。按照《物权法》，土地承包经营权、使用权是物权的主体，因而拥有土地使用权、经营权的农民是法律意义上的法人产权主体。在我国的农地中，使用权又是通过所谓的承包经营权来实现的，因此，使用权与经营权又被理解为同一产权权能。按照《物权法》和《承包法》，农地的经营权应当是物权，是农地中最重要的物权和产权主体，这个主体应当受法律保护。然而实际生活中，承包户承包经营权权能中的物权和产权主体存在不确定性。由于农民的土地承包经营权必须通过签订承包合同由双方约定才可取得，这就使土地承包经营权具有一定的约定性和不确定性。农村农地产权主体缺位，在微观上使农民集体、集体经济组织、村民委员会或乡（镇）政府对同一块土地都可以拥有所有权，这既导致实际操作的困难，也难以保证承包经营权具有明晰的产权内涵。中央和地方政府及其下属机构往往凭借其拥有的部分所有权，根据各自的需要，直接或间接地干预农业结构调整并实施近乎强制性的种植计划，或滥加征用和圈地，改变农业用途等。

（5）集体经济组织与国家之间的产权关系界定不合理，主要体现在国家征用土地方面。国家为了社会公共利益的需要，有时将农民集体所有的土地依照法定程序征用，从而将农村集体所有的土地转变为国有土地。农村土地被征用后，集体经济组织失去了被征用土地的所有权，同时农民也失去了这部分土地的使用权。因此，征地时各级政府无须取得集体组织的同意，就可单方面决定征用和补偿的标准。这种不依市场规则，用行政命令、行政手段的方式，改变土地所有权和使用权、经营权以及土地用途的做法，是一种畸形的农地流转方式，造成集体所有权和农民经营使用权等产权权能和权利的丧失。此外，也存在集体组织利用所有权干预和收回或吞食农民的经营使用权的情况。所以，农民土地使用权、经营权和收益权都在政府、集体和开发商的多重剥夺之下，农民的农地使用经营权毫无保障。目前普遍存在征用土地定价不合理、农民的生活安置考虑不够、补偿不充分等问题，虽然这些都是表面现象，但归根到底是产权制度缺陷。

（6）下位法与上位法的改革不配套。经过长期讨论修建并于2008年正式颁布实施的《物权法》是继《宪法》这个根本大法之后，对包括土地承包经营权、土地使用权等在内的财产权利进行法律规范的上位法。至今8年过去了，但作为农民最大财产权的土地使用权、经营承包权，受到来自政府、集体和企业等各方面侵害的现象，并没有因此而有所减少或消除，反而有过之而无不及。究其原因，就是作为下位法、专项法的《土地管理法》，没有做出相应的改革，以致旧的下位法与新的上位法相矛盾、相抵触。在新的下位法出台之前，实践中人们仍然按旧的下位法执行。这就是新出台的上位法对现实经济生活未能产生实质性影响的原因所在，也是农地滥征强圈、侵害农民权益的现象制而不止、愈演愈烈的制度缺陷的原因。依法修改《土地管理法》下位法服从上位法。集体土地与国有土地价格并轨，建立统一的土地市场，对土地实行用度管制，限制对土地的征用，保障农民的土地使用权等物权权益。

第一，确认土地使用权为农民财产权，修改《土地管理法》，对农民实施财产补偿。要通过修改《土地管理法》，对农民土地使用权的权能和权利进行物权保护。《土地管理法》作为土地问题的具体法律，制定时间较久，以致与后来的相关法律未能衔接，甚至有相互矛盾与冲突的地方。下位法与上位法不相适应，两者发生冲突时，下位法必须服从上位法，而不是相反。总之，作为下位法的《土地管理法》未能适应已经发展变化的新形势和发展趋势的需要，如《土地管理法》仅着重于所有权问题和国家征用等方面的规范，而对土地使用权的物权性质和使用权的流转、抵押等权能没有相应的法律规范，所以现有的《土地管理法》已不足以回答和解决现实土地产权制度改革中产生的新情况、新问题。按照2008年出台的《物权法》精神，根据下位法服从上位法的原则，对《土地管理法》中行政权力过强、侵犯土地所有权和使用权的条款进行审订与修改，秉承公法与私法合一的理念，厘清法律中国土资源管理部门的公权主体和私权主体地位，分别修改和完善相关规则，全面贯彻《物权法》的规定。按照《物权法》，必须确立以农地使用权和经营权作为农地产权的主体地位，使土地使用权、承包经营权与其他物权一样得到法律意义上的真正保障。

第二，重申《宪法》两种土地所有制并存的原则，并将这一原则体现在土地转用过程中，改变目前土地农转非就得转为国有的状况。土地的转用应以规划来确定其价值，而不是以所有制来核定。在《土地管理法》的修改中，要确立以土地使用权为产权主体的原则，确立土地使用权在土地产权制度结构中的主导权能的产权地位，使土地使用权明确规定为财产权主体。强调土地的财产赔偿原则，改变目前以用途的倍数补偿原则，探讨耕地保护和占用补偿的新机制，确保耕地用途的有效保护，维护国家粮食安全。

第三，建立统一的土地市场，实行不同所有权的土地，同地同权同价。不论是个人所有、集体所有，还是国家所有的土地，实行同地同权同价。一是农村集体土地与国有土地实行同级同权同价同利。改变目前土地价值的二元状态，国有土地价值可以反映市场价值，而农村土地价值不得体现市场价值，由行政定价（如征地补偿标准），造成行政定价远远偏离和低于市场价值的不合理现象。加强对地籍的管理，做好土地评级，以作为土地征用或转让的交易依据，让土地产权的流转消除行政因素回归市场化和理性化。这是提高土地产权市场化程度与土地产权运行的公平性和科学性的正确选择及必要措施。二是积极推行农民宅基地商品化。农村宅基地约占耕地的1/4，宅基地处于分散和低利用率甚至长期闲置状态。“现行农民宅基地具有明显的福利性质，其商品属性和财产属性未被法律确认。地方政府和房地产商利用这种产权缺陷，在给农民补偿时，往往只考虑房屋价值，未考虑宅基地的财产价值”，这无异于没收。必须正视住宅商品化是城市化进程中实现农民财产权利的不可分割的部分，尽快结束现行法律限定农民宅基地“一户一宅”、转让限于本村的半商品化状况，赋予农民宅基地及其房屋所有人完整的权利。伴随城市化向周边农村的扩大，农民的耕地被征用完后，就只剩下房子，利用出租房屋获得收入，已成为城郊接合部和发达地区农民最主要的收入来源。建议增加农民宅基地及其房屋所有权人依照法律规定享有占有、使用、收益和处分的权利。三是建立土地交易市场，包括农村宅基地在内的土地交易市场。实行土地使用权流转，建立城乡统一的土地交易市场；同时建立农村房产市场，开放城市房产中介进入农村和代理农村房产租售业务，让农村土地和农民房产如同城市的一样实现融通流转。

第四，对土地严格实行用途管制，预留集体发展用地，切实尊重和保护集体和农民的长远利益。农业是我国国民经济的基础，在经济全球化和市场一体化的今天，农业成为战略性产业，农地成为越来越少的稀缺资源，保有现存量耕地已经是底线。过去的三十多年，由于工业化和城镇化的热潮，各地政府在办开发区的名义下，大量征地圈地。不少被征圈了的集体土地，短的十年八年，长则二十年乃至更长的时间，均未能进入开发阶段，而又长时间被搁荒。对政府回购的土地，能够恢复农业用途的恢复农业用途，不能恢复的也应当按一定比例给被征地的村民预留一部分建设用地，由村集体经济组织建造标准厂房、铺面等出租，租金收益以股份形式在村民中分配。村留用地有利于村级经济壮大，而且土地分红也成为发达地区农民分享土地级差收益的重要途径。中央应出台专门的文件，就留用地的比例、使用办法、收益分配原则等做出具体规定。同时，从今以后，从严实施对农业土地的用途管制。

11.4 家庭农场制沿海地区应先走一步

家庭农场作为当代最有效率的农业经营主体，是实现规模与效率结合较好的产权制度选择，这是为先进工业化国家的实践所证实的行之有效的模式。中国要实现规模现代农业也不例外，建议实行家庭农场制，沿海地区因最具条件，可以先行一步，取得经验后再向内地和西部地区挺进。

家庭农场制在市场经济国家是行之有效的，在它被公认为一种科学的先进的现代农业发展模式的同时，社会主义国家和一些封建国家经过轮番施以集体共耕制和均田制、分包制，也被证明不能解决传统农业的痼疾。正反这些经验表明，要发展现代农业生产力，离不开家庭农场。我国曾经有过集体共耕制、均田制和国有制等各种产权制度的探索，但结果都不能实现产权效率与规模兼具，无法走出传统农业的胡同。这样从国际社会和自身的实践探索表明，发展现代农业的出路只有实现家庭农场化，沿海特区应先走一步。这需要城市化、工业化来推动家庭农场的发展，再以家庭农场化来推进城市化、工业化发展。绝不可单一突进，单一突进是不能成功的。为此，做好以下六个方面是至关重要的。

第一，加快城市化、工业化进程，吸引广大农村劳动力进城务工经商，最大限度地减缓人多地少的矛盾，这样农村的集体兼并和经营规模才可能变成现实。否则，农民窝在农村，人多地少的矛盾无法解决，不但城市化、工业化进程缓慢，对适度规模的家庭农场最终也会起排斥作用。农民被积压在农地上，人多地少的矛盾不解决，适度规模永远是空谈。

第二，改革产权制度，把农地的所有权和使用权分离。公有制是社会主义的重要特征，特别看重所有权是可以理解的，那么可以实行所有权与使用权分离，所有权是国家和集体的，不可动摇和改变；但使用权必须是归农户依法占有，建立法人产权制，使用者享有对产权的收益权、处置权、自由支配自己的农产品包括自由定价出售的权利。农地使用权在有效期限内可依法使用、买卖、转让和抵押而不受干扰。

第三，建立家庭农场的企业法人产权制度。现在均田户仅是一个生产消费单位，不属于企业法人主体，不具备承担责任的条件，要建立家庭农场制，就要把家庭农户加以法律规范。要把家庭农场法人化，否则家庭农场的企业制度就建不起来，就无法使家庭农场成为真正的积累滚动发展的生产经营的法人产权主体。

第四，发展家庭农场要发挥政府的宏观规划与控制作用。放任家庭农场制自生自灭是不行的，这样不是发展家庭农场。家庭农场要发展起来，第一步要根据城市人均、户均收入的水平来规划农户经营面积的最低基数，使农户人均、户均收入达到城市人均、户均经营收入水平，以获得与城市人均、户均收入的相近至同等水平，确定农地经营面积为农场经营的最低度起点。同时要规定上限，防止土地过度集中在少数人手中，这是规定农场户的最低与最高限量，以保证家庭农场从沿海到内地逐步发展起来。

第五，政府对家庭农场的价格补贴与扶持政策。政府产业政策导向由以农补工转变为以工扶农、补农，在开放控制价格及价格保障基础上服务于家庭农场。这样家庭农场就会在市场经济的空间及政府创造和提供保障的基础上，保证产权的自由流转、配置，使家庭农场自由发育成长起来，成为发展我国现代农业生产力的经营主体。

第六，允许和鼓励成立家庭农场协会，使家庭农业之间发生横向合作，互相支持。同时，作为家庭农场联系市场和政府的社会行业组织团体，代表和反映农场主的诉求，维护家庭农场的权益，促进家庭农场这一新型的现代农业组织健康稳定地向前发展。

12　家庭农场与政府政策配套服务

家庭农场的产生、发展是以工业革命创造的条件为媒介的，但家庭农场并不是完全被动的，而是有政府行为参与的，与家庭农场在较短时期内适应工业化的要求几乎是同步完成的。为了选择在较短的时间内完成较为完善的家庭制度，实现家庭农场的现代化，不能不开展和选择政府实行家庭农场化的行为。政府的行为，一般通过标准化政策、价格政策、人口流动的择业和居住政策、户口政策来完成。这些政策共同起作用，决定一个国家的家庭农场能否实现，同时也检验工业革命能否实现。

12.1　建立农业标准化体系

农业标准化是政府为家庭农场提供的必不可少的基础性政策服务。长期以来，我国农业生产和流通的标准化程度很低，特别是国内市场对标准化基本上没有意识和要求；而进入国际市场的农产品，也缺乏标准化的严格规范和要求，影响了我国出口农业产品的价格和效益的提高。

农业标准化是对农业生产和流通过程按照统一规格进行规范生产和管理的活动。标准化最终是通过农产品成果体现出来的。农产品只有在质量、外形和规格上与国际标准接轨，才能进入国际市场；否则就不能进入或者只能以极低的、比标准价低许多的价格卖出去。

农业标准化不是一个孤立的事物，而是一个活动过程，主要是制定标准、组织实施标准和对标准的实施进行监督而修订标准的过程。这个过程也不是一次性就完结的，而是一个不断循环的螺旋式上升的运动过程。每完成一个循环，标准的水平就提高一步。我国《标准化法》明确规定，标准化工作的任务是制定标准、实施标准和对标准的实施进行监督，三个环节相互关联，少了其中任何一个环节都不是标准化。

农业实施标准化意义重大，主要有三个方面：第一，提高农产品国际竞争力的需要。市场竞争的全球化和区域一体化的迅速发展，推动了农业标准的国际化进程，采用国际标准将成为世界农业发展的趋势。标准化作为一项农业基础性工作，可以把农业生产技术和科研成果、生产综合组装变成浅显的技术规范，准确地传授给家庭农场。完善有效的标准体系，贯穿于产前、产中、产后，把农业生产的全过程纳入规范化的管理轨道，有利于推进产销一体化，增强农业的市场竞争力。第二，农业标准化是农业企业化经营的重要保证。在实行家庭农场化后，对土地像对企业生产资源那样进行科学经营。既然是企业经营，就要有统一标准与规格，有了这个标准，不管是集体经营还是分散经营，都有利于按统一标准与规格进行生产和出售。如荷兰农民把分级的产品在实施标准化包装后，只要质量和大小一样就可让几家农户生产的同一产品合在一起销售，从而把小批量的产品集中成规格一致的大批量货物用于出口。第三，便于农业、工业及商业的相互联系和渗透。农业生产标准化之后，其生产作业具有明确的操作规程，生产过程会不断程序化、机械化、自动化、信息化。

农业标准化体系的完善尤为迫切。加入 WTO 后，在与国际市场打交道的过程中，我国农业出口和生产部门意识到农业标准化问题对我国农业走出国门、在世界市场竞争立足的重要性。经过相关方面的努力，我国的农业标准化工作在一些地区进行，并取得一定的成效。然而，实行家庭农场化后，农业进入规模化、专业化，农产品的标准化问题更加突出，解决标准化问题尤为迫切。由此，我国制定了农业标准化的相关法律法规，还针对农业标准化特设了一些专门机构；全国性的农业标准化专业技术委员会和技术归口单位有 20 多个，负责对标准的技术性和实用性进行审查；农业监管体系从无到有；从产品质量认证开始起步，农业标准化受到社会重视，农产品标准化意识已有所增强；农业标准化体系开始逐步形成。然而，我国推进农业标准化仍然任重道远，主要表现在农业标准化的整体意识薄弱，尤其是生产者意识不强，不能按照标准化去组织生产和经营。虽然农产品数量充足，但大多为中低端产品，专用产品和优质产品缺乏，缺乏产后的储藏、加工和包装的手段以及相应的技术标准；农业标准落后；标准制定和标准实施处于自发和分期状态；缺乏统一性和权威性；标准周期长，跟不上市场变化的需要。特别是农产品质量卫生安全方面的指标低且不齐全，而且标准考虑国内因素多，考虑与国际市场接轨少，难以适应国际市场对农产品的要求；标准制定与实施相脱节，重制定轻实施；农业标准化监督体系不健全，检验、检测不及时；农业标准化实施应用的监督力度不够，监督不到位。

鉴于以上情况，要尽快建立规范化的农业标准体系。依靠政府主导，以企业为主体，全面动员社会各种力量参与农业标准化的组织体系。以法规为龙头，以技术标准为基础，通过产前、产中的生产经营过程实施及产后的例行检验检测和认证，实现有效的监督管理和农业标准化体系，实现中国农业标准化质的突出与飞跃。

第一，扶植建立农产品出口的质量追溯和保障体系，提高出口农产品的安全水平。现在农产品安全问题是制约出口发展的首要问题。在我国农业生产水平总体还比较落后，特别是2009年输美农产品风险评估报告农药、兽药管理和监控体系还很不健全的前提下，分散的小规模农户生产的农产品质量安全水平得不到有效保障，不能适应国际上“从农场到餐桌”的管理要求，也不能实现产品的可追溯。保障农产品出口的发展，需要进一步加大投入，完善农产品卫生安全监测管理体系，按照国际标准加快建立与完善农产品的技术标准认证和检测体系，建立同国际接轨的质量标准化管理体系，在生产、加工、包装、销售等环节实行严格的质量标准和全过程的质量控制。

第二，建立和完善农产品技术性贸易壁垒预警机制。设立收集、咨询和管理技术性贸易壁垒信息的专门机构，根据我国出口农产品的特点，有针对性地收集国外的技术性贸易壁垒方面的信息，及时得到其他成员国制定的技术法规及合格评定程序和卫生检验检疫方面的信息，总结国内外农产品企业突破技术性贸易壁垒限制的经验与教训并加以研究，及时向出口企业发布预警信息，及时向家庭农场提供主要贸易对象国的技术法规，以及国际上技术性贸易措施的发展动态等信息，及时发布国内外有关农产品技术性贸易壁垒的最新动态，为企业提供信息咨询服务，使农产品适应与满足国际标准和进口国的要求。

同时，要密切关注全球技术性贸易壁垒变化的新动向，加强对发达国家和主要贸易伙伴国家技术标准、技术法规、标准政策和内容的研究。

第三，支持农产品国外市场的开拓促销工作，树立中国农产品食品安全形象。此项工作包括在重点市场开展有针对性的商品宣传和推介工作，如组织市场策划、举办超市促销活动等，树立中国农产品质量的正面形象，恢复国外消费者的信心；制作宣传材料、光盘，拍摄宣传片，组织企业在国外各类媒体上进行广告宣传，资助企业参加国外展览；打造并推广国家或民族品牌，举办面向最终消费者的推广及品尝活动等。

第四，推进 WTO《实施卫生与植物卫生措施协定》机制的完善。当前 WTO 的《实施卫生与植物卫生措施协定》（简称《SPS 协定》）还不完善，不能很好地维护发展中国家在多边贸易体制内的权利。建议政府联合其他发展中国家，推动 WTO《SPS 协定》的改进和完善，从而利用多边贸易机制来解决双边贸易争端。另外，在国际食品法典委员会、世界动物卫生组织等国际组织中，积极争取制定对发展中国家合理和有利的国际标准，保障我国权益。

第五，建立对进口产品反倾销的质量标准检测和价格形成的调查评估机制。借鉴发达国家对包括我国在内的发展中国家采取的质量标准和价格形成监督机制，建立中国对进口产品及同类出口产品的质量标准和价格形成长期跟踪调查反馈的机制与机构，为家庭农场提供全方位的标准化系统服务。

12.2 农业价格政策

政府的农业价格政策是长期困扰我国农业发展的一个要素。政府应当制定保护农业产品与市场相结合的政策。农业是与国民经济、国民生活息息相关的产业，又是脆弱的、增长缓慢的产业，要使这个产业正常发展，关键在于政府的价格行为。许多发展中国家的政府实行对农业直接定价的做法，实践证明效果都不好。那么应当实行什么样的政策？至少不能像许多发展中国家采取那样的保护措施，即政府控制农业价格，对农产品进行直接定价和强制征购，这势必导致价格背离价值，农民因生产蚀本而放弃生产；之后当农产品匮缺，政府为鼓励农民生产紧缺的产品时，又不得不对农产品价格进行适当调价，同时在购买化肥时也给予适当的优惠。从表面上看，这些措施保护了农业，实际上是政府把压得过低的农产品价格再往回调。这种回调是补偿性部分的回调，并非等值的回补。即使是回调后，农产品的价格也不能反映价值，农民种田仍然是吃亏的。

这边补贴，那边物价上涨，补贴总是跟不上物价的上涨。这边补贴，那边扩大货币发行量，水涨船高，补贴不能起到鼓励与激励的作用。扩大货币发行量的结果，就是使农业生产资料涨价，增加了农业的生产成本和农产品的价格控制、补贴，总是不能与货币发行量增长保持平衡。因此，即便是价格上调后，农产品的价格也不能反映价值，因为农产品的价格上涨总是慢于其他产品。这也就是长期以来政府的控制调价和补贴行为都未能发展中国农业、促进农业生产的重要原因。

成功的农业政策是现代化国家的农业政策。家庭农场产生与发展就是科学而合理的农业价格政策成功的表现。

那么，发达国家的农业政策是怎样的？我们知道现代化国家在尚未产生家庭农场之前的传统农业阶段，也是80%以上的人口挤在土地上自给自足生产的小农经济国家。农产品很少有剩余，农业商品率是很低的，部分原因是政府压价征购农民的农产品；此外，农民不许自由种植，以便政府用行政手段多征购农产品。更重要的原因是没有外部的产业带动农村劳动力人口转移而发展规模商品经营。进入工业革命之后的资本主义自由发展的时期，市场农业经济代替了封建农业经济，自给自足和贡品经济被商品经济所取代，农产品由政府订购、交售政府的单向选择变成自由的双向选择。农民不仅可收回成本，而且有利可图，这样才刺激了农民种田的积极性，从而有扩大经营规模的积极性。而规模扩大带来了农业积累的可能性。工业化下实现了农民这一要求，因为它吸纳了大量农村劳动力人口向城市的终身转移及土地集中，农业积累增加，用于再投入以改善农业生产条件，采用机械化生产，提高了劳动生产率，降低了生产成本，又增加了利润，因此自由市场上农产品的价格是政府无为而治的，是早期传统农业转型过程中政府对农业最大的保护。显然，发达国家的这种保护，经历了从无为而治到有为而治的过程。而有为而治是为了使商品农业适应从国内走向世界市场的竞争需要，对农业进行补贴，以促进出口竞争，进而占据海外市场份额。这与发展中国家的农业保护政策是大相径庭的。前者的保护是为了促进竞争，把农场农业做强做大；而后者的保护政策是建立在剥夺的基础上的，虽然再返还一点无济于事的补偿，但也是没有任何激励作用。

在工业革命时期，政府对产品无为而治，并不等于政府在农业生产上无所作为。应当说，政府不控制农产品价格，不等于说政府在农业中就失去了作用。然而这种作用并不是传统意义上的以控制价格为主的作用，而是以服务为主。服务是尊重农民利益前提下的服务，像控制农产品价格那样强制压价、征购掠取并不是服务。

政府对农业这种服务，主要表现在农业生产规模扩大时，商品率提高，自给量减少，而生产工具的机械化使劳动生产率提高，生产成本下降。这样农产品被大量地生产出来，需要销售出去，回笼资金进行再投资和扩大再生产。国内市场对农产品的需求饱和之后，如果在国内和国外找不到市场，那么第二年农场主就要减少生产或转产，如把种粮食改为种其他经济作物，这样一来第二年粮食必然增加，粮价又会大降，第四年种粮食又减少，如此循环。这是市场规律的必然性。这样政府的作用就是：当粮食丰收价格大降时，政府以高于市场价收购，这是为了保护农户粮食生产的积极性。政府按高于市场的价格收购，作为国库储备，一来可以保护农场主的生产积极性，二来如果来年粮食生产价格上涨过快、过高，那么政府就可以应用国库粮食公开抛售从而平抑市场价格，以经济手段制止市场价格的大幅度变动。平抑不是一种行政干预，因为通过市场机制来直接保护，政府在市场机制中充当了购买者，这对农户生产是具有促进作用的，而不像行政干预的政府直接控制农产品价格那样，对农业生产不但毫无促进，反而是障碍。

过去相当长的时期，中国的政府压价征购及农业生产资料市场定价的政策，导致物价轮番上涨和货币发行量过大，而无益于现代农业的发展。政府控制下的农产品价格政策越来越不受欢迎，也不利于现代农业发展；而政府对农产品进行价格补贴，分担与化解风险，则深受广大农民和家庭农场主的欢迎与拥护，应当坚定不移地坚持执行下去。这是借鉴发达国家政府的农业政策，是一个有益于现代农业发展的实践。

12.3 建立农地流转的财政政策

发达国家尽管十分重视自由竞争，发挥市场机制作用，但在发展现代农业、实现土地集约化的进程中，仍然重视政府财政政策的作用。许多发达国家都为本国农业现代化制定了积极的财政政策，有效地使大多数农民自愿放弃小块农地经营，使土地向大农户集中的速度加快，对土地的集约化利用产生了良好的促进作用。如德国在“二战”后，农业经济处于分散的小农经济状态，情况与我国新中国成立初期差不多。土地的集约化程度非常低，农业经济效率远低于其他经济部门，拥有土地面积在0.5公顷以下的农户占总数的68%。为了改变这种现状，推进土地集约化经营的进程，德国采取了一系列措施：一是实行土地整理补贴制度。该项补贴的目标是解决农地集约化的问题，把分散的土地连成片，为机械化作业提供条件。补贴分两项：一项直接提供给进行土地整理的大户；另一项提供给在土地整理过程中因无力投资而自愿转让土地的小农户，对农民自愿交换地块或长期出租土地者给予一笔财政补贴。政府通过对土地整理进行补贴，许多农户的土地连成片，经营面积扩大，为实现机械化经营提供了条件。二是实行农户迁移补贴制度。该制度的目标是鼓励农户从人口密集的村庄向地广人稀的地方迁移，建立大农场，开展集约化经营。迁出的农户可得到一笔补贴，而其原有的土地并入当地大户，扩大了经营规模。此举使大量荒地得到开发利用，原有的土地面积也得到扩展。三是实施农户升级补贴。此举的目标是鼓励小农户退出并鼓励大农户扩大经营规模。政府对拥有土地的农户进行评级，将拥有土地10~20公顷的农户视为有生命力的农户，不够10公顷者视为无生命力的农户，然后强制小农户将土地出售给相邻的大农户，购买者升级为有生命力的大农户。升级农户可得到政府的低息贷款，而出售土地的小农户可得到一笔补贴。四是资助有生命力的大农户。除提供低息贷款外，也提供价格补贴和国内国际市场推介与信息服务等，进一步增强其在国际市场竞争中的地位。五是建立农业劳动力改行、提前退休和长期出租土地的补贴制度。政府为此分别设立了改行奖金、提前退休奖金，规定对土地出租期为12~18年的农户给予奖励。该政策有效地解决了失地农民的就业安置和基本生活的保障问题，保证了土地从分散经营向集约化规模经营的平稳过渡。德国采取了以上的制度政策，并保持很长时间不变，使农业规模持续不断地扩大，农户面积由1949年的平均8公顷扩大到2002年的30多公顷，农场数量则从1949年的165万个减至2002年的50万个，半个世纪走完了从小规模农业到现代化大农业的历程。然而，这个历程在我国还任重道远，德国的做法确实值得我国深思和借鉴。

近十年来，我国也有一些地方借鉴国际经验，在局部地区进行了土地流转补贴的探索，也收到了不同程度的效果。据农业部统计：2008年底，全国农村土地承包经营权流转面积1.09亿亩，占家庭承包面积的8.8%，流转比例高于全国平均水平的有重庆、江苏和黑龙江，分别为23.5%、19.2%和18.1%。它们的经验对全国其他地方有一定的借鉴意义，但是力度还不够，有些地方尚缺乏普遍意义。我国要像德国一样，在各地推进探索的基础上，统筹兼顾，综合评估取舍，拿出有全国指导意义的制度政策来，保持几十年不变，直到完成从小规模农业走向现代化大农业的历程为止。

12.4 农业补贴政策

农业补贴政策有广义与狭义之分。广义的补贴是政府农业部门的所有投资或支持，其中大部分如对科技、水利、环保等方面的投资，由于不会对产出结构和农产品市场发生直接、显著的扭曲作用，一般称为“绿箱”政策。狭义的补贴，即对粮食等农产品提供的价格出口或其他形式的补贴，这类补贴又称为保护性的补贴，通常会对产出结构和农产品市场造成直接、显著的扭曲性的影响，一般称为“黄箱”政策，主要包括政府对农产品的直接价格干预和补贴、休耕补贴等。为增加农民收入和生活幸福感，我国现代农业发展需要得到政府支持和保护。农业补贴在当今欧美现代农业发达的国家，是政府对农业支持与保护最主要、最常用的政策工具。我国一直没重视这个政策的运用，直到2006年，取消了2 000多年来一直征收的农业税后，对农业的直接补贴政策终于被提上议事日程。中国农业补贴主要内容包括增加农民种粮补贴，2008年起，对早稻、中稻、晚稻和小麦每亩良种补贴分别为10元、15元、15元和10元，对农民发放每亩最低不少于10元的粮食直接补贴。补贴标准并不是一成不变的，随着物价的上涨，也会相应提高。

中国农业补贴政策经历了从无到有、从窄到宽的历程。资金从少到多，经历了逐步增加、内容丰富、范围扩大、领域拓展、管理创新的快速增长与巩固完善过程，初步构建起符合中国特色的农业补贴政策基本框架。

第一，综合性补贴。以农业“四补贴”为主的农业生产补贴。一是良种补贴，二是农机购置补贴，三是种粮直补，四是农资综合补贴。资金规模从2002年的1亿元增加到2012年的1 653亿元，10年累计安排补贴7 631亿元。

第二，粮食补贴。以大县奖励为重点的地方政府财政奖补政策。为了有效缓解县乡财政困难，调动地方政府重农抓粮的积极性，促进粮食稳产、增产，2005年国家出台了产粮大县奖励政策；贯彻落实国务院促进油料生产的有关意见精神，2008年国家又出台了产油大县奖励政策。8年来中央财政累计安排产粮（油）大县奖励资金1 331亿元，政策惠及1 000多个产粮大县和900多个产油大县。其中，2012年奖励资金规模达到280亿元。生猪产出大县奖励政策设立于2007年，6年共安排奖励资金155.2亿元。

第三，技术服务补贴。以技术服务补助为主要内容的技术服务补贴包括两个方面：一是农民培训补助，即“阳光工程”，始于2004年，年度资金规模从设立之初的2.4亿元增加到目前的11亿元，每年培训农民350万人左右，培训内容从初期重点转移就业农民的职业技能培训到目前主要面向农业的生产服务技术培训。二是动物防疫补助，对高致病性禽流感等重大动物疫病实行强制免疫补助和强制扑杀补贴。

第四，保险补贴。以农业保险补贴为主要内容的灾害损失补助。2007年，按照中央一号文件精神，中央财政启动了种植业、养殖业保险试点。种植业方面，2011年中央财政安排农业保险保费补贴资金91亿元，带动提供风险保障5 500多亿元，覆盖农户1.6亿户次。2012年，农业保险已经覆盖了玉米、水稻、小麦、棉花、油料作物、糖料作物、马铃薯、青稞、天然橡胶9个种植业品种，以及能繁母猪、育肥猪、奶牛、牦牛和藏系羊5个养殖业品种，补贴扩大到全国范围。中央财政东部地区补贴35%，中西部地区补贴40%。养殖业方面，东部地区的能繁母猪和奶牛保险在地方财政至少补贴30%的基础上，中央财政补贴40%；育肥猪保险在地方财政至少补贴10%的基础上，中央财政补贴10%；藏系羊和牦牛补贴65%，其中中央财政补贴40%。

第五，生态补偿。以草地保护为主要内容的农业生态环境保护奖补贴，包括退牧还草补贴政策、草原生态保护补助奖励政策等。退牧还草工程于2003年全面启动，国家对退牧还草给予必要的草原围栏建设资金补助和饲料粮补助。从2011年起，国务院决定在内蒙古、新疆等8个主要草原牧区省（区），全面建立草原生态保护补助奖励机制，对牧民实施禁牧给予补助；2012年奖补政策覆盖了全部牧业县、半牧业县。

总的来说，我国对农业的补贴，尤其是对农产品生产补贴“黄箱”政策还刚刚开始，补贴的领域较窄，总的补贴额度还比较低，与发达国家相比不足挂齿。在农业补贴政策的许多方面仍有进一步提高的必要，而“绿箱”政策的空间更广阔。因此，我国要充分地用足、用好世贸组织对发展中国家发展现代农业所允许的“绿箱”政策，在改善农业生产的基础设施，生态环境与产前、产中、产后服务等条件上下苦功夫。

12.5 就业与居住政策

12.5.1 就业政策

要想实现家庭农场化，就要放开就业政策，让劳动力自由流动，包括全方位开放国际劳务市场，向世界各地输出劳务，绝不把劳动力扣压在土地上。

发达国家在尚未成功开展工业革命之前还是农业国，它们当中有的处在封建社会里，劳动力大都集中在农村土地上。在工业革命推动下，这些国家的劳动力流动是非常活跃的，因而促进了农业革命的成功，成功地实行了家庭农场经济制度。在就业政策方面，原则上是鼓励农村从业的劳动力人口向城市转移，这当中有英国式的强制推动型，也有美国式的自愿自由型。在今天新兴工业国家和地区中则有政府引导和辅导型的转移。这几种模式总的方向是以推动农村劳动力资源向城市第二、第三产业转移为目标的就业政策，因此能先后较顺利地完成人口城市化、工业化和家庭农场的现代化使命。我们把前一种国家的劳动力就业政策中政府对产业的控制行为称为刚性政策，把后一种劳动力就业政策中的自由选择行为称为弹性就业政策。前一种情况的劳动者就业涉及人口流动和职业转移，往往比较困难，要经过许多关卡批准，因而就业政策是保守的；后一种就业政策则是尊重劳动力的自由选择权利，不种田者可进城打工开店或摆地摊做买卖，与市民享有同等权利。这样的就业政策使不愿终身从事农业的青年农民离土离乡，进城从事工商业，寻找不同于农村产业的新的就业空间和发展空间。如果这两类国家都同时开展工业革命，显然前者步履艰难，难以实现工业化和家庭农场化，或者要走更漫长的路；而后者在较顺利地实现工业化、城市化的同时，也由此推动了家庭农场经济的实施。

然而，在迄今还有70%人口在农村的小农文明国家中，就业政策总原则正好与此相反，它们以限制农村劳动力向城市转移、稳定农村劳动力人口为总原则。因此，众多的农村劳动力人口不能随着城市第二、第三产业的发展需要而实现终身转移，而只能临时性、阶段性地转移，即农闲进城、农忙出城，或者年轻时进城，干几年回乡，结婚生男育女操农业。这主要是农民的户口限制在农村，进城做工乃权宜之计，不能在城市入户，并经常受到治安公安查询与干扰，没有城市户口就等于没有在城市长期居住择业的权利，更不用说在城市找对象结婚生孩子。中国农业劳动力的就业政策是整体稳定性、局部调适性的就业政策。在这种政策指导下，中国不能像发达国家那样实现农业现代化。农村劳动力人口不断增长，而城市劳动力人口却增长极其缓慢，城乡二元结构无法转换。因此，农业的人地矛盾无法解决，小农制经济社会结构未能发生变化，城乡二元结构只能孤立发展。尽管靠城市人口的自然增长或采取先进机构来提高劳动生产率，解决了城市用工问题，还可以使工业产值大大超过农业产值，但农业产值在国民收入中仍然占很大的比重，无法下降至发达国家那样的比重，如美国农业产值只占国民生产总值的2.3%，日本的农业产值占总产值的5%，中国台湾地区的农业产值占总产值的10%，而中国的农业产值与国民生产总值之比为0.212∶1，要达到美国那样的比例，需要漫长的时间。如果采取开放的就业政策来推动农村劳动力的终身性规模转移，那么，达到美国那样的比例需要的时间将会大为缩短。农业产值占国民生产总值的比重的下降，并不意味着农业的滞后——这种观念仅是小农制国家的落后观念，而意味着工业产值的持续增长的扩展力，是工业化成功的标志。如美国农业产值虽然仅占国民生产总值的2.3%，但其农业产值高达数亿美元，不仅解决了美国人民的生活需要，而且70%的农产品出口供应世界，几乎一半以上的发达国家和发展中国家都进口美国的农产品。工业产品比重如此之大，其在世界市场的占有量和国家经济实力就可想而知了。因此，对于实行开放型就业政策的国家，城市工商化发展的结果是工业生产迅速增长，同时带动农业规模化的形成与发展，农业商品率大为提高。由于工业生产是弹性增长，而农产品是刚性增长，因此工业产值增长总是要远远超出农业产值的。在一定意义上，城市化、工业化前期工业产值主要通过劳动力增加来推动城市工业增长，而农业增长则是通过减少农村劳动力人口、解决人地矛盾来实现规模化和机械化。因此，农业与工业在国民生产总值中的比例总是不断拉开。

12.5.2 居住政策

居住政策是现代化国家在实现家庭农场经济过程中一种充分保护人们权益的政策。资本主义国家在宪法上就明确规定选择居住地是人们最基本的权利之一。因此，在现代化国家的工业革命和由小农制向农场制转变的农业革命的双重进程中，劳动者的居住地选择是完全自由的，不受任何政府、司法机关或其他社会组织的干扰和剥夺。每个居住权受到损害的人都有权控诉，寻求法律的公正保护。因此，在现代化国家的工业化进程中，农村劳动力人口向城市转移是终身转移，还是阶段性转移，一切都尊重劳动者的个人意愿，国家政府并没有任何理由规定原来是农村劳动力的人口的居住地只能在农村，或者只允许在乡镇居住，不能进入城市居住，也没有规定进城市只可暂时居住，不可长期居住。这样使得农村大量的劳动力人口能够随着工业化进程终身改变自己的居住地和转换职业身份。因此，现代家庭农场国家在工业化进程中的居住政策是开放自由型的。中国作为农业国实行与现代国家完全不同的居住政策，这种居住政策就是稳定不变的居住政策，通过户口制把农民永远固定在出生地上，不能根据就业需要随意选择居住地。农民就只能在农村居住，不能进入城市居住，除非你买户口，交政府规定的所谓城市增容费，否则就有可能被当作盲流，随时被驱逐遣送回农村。国家虽然也多次想把城市化、工业化向前推进，但一旦工业化启动，农村劳动力人口进城改变职业和居住空间时，国家政府就开始制止农村劳动力人口的转移，甚至以维护治安或压缩过热的经济为各种借口，把已进城的农民一次又一次地驱赶回农村。工业化进程时断时续，始终未能实现，这也是人口在城市与乡村之间的来往折腾导致的后果和付出的代价。由于工业化未能成功，农业家庭农场经济也未能成功。这样城市经济与小农制经济的二元社会经济结构长期处于超稳定状态。

居住政策不仅是一个生产空间选择问题，更为重要的是关系到产业层次的升级与发展问题。人口聚集在农村是一个农业社会，人口聚集居住在城市是一个城市化、工业化的社会。农村是农业的载体，城市是工业化的载体。一个国家的人口就这么多，如果人口过度聚集在农村就会影响城市工商业的发展，因为城市化、工业化人口的缺少会使城市化、工商化缺乏劳动力的机械增长而发展缓慢。这在工业化初期资本原始积累阶段和劳动密集型产业发展的时期更是如此。即使进入高新技术时代，也因为缺乏城市化人口而使消费市场容量极其有限，而众多聚集在农村的人口因缺乏购买能力和市场需求，不仅限制了工业化劳动力，又限制了工业化所需要的城市化市场，造成“双限制”。

由于农业与工商业的生产特点不同，城市与农村人口的分布对工农产业的影响是截然不同的。一个国家的人口过度聚集在农业，形成小农制经济的农业必定是自给型经济，农产品商品率很低，城市人口很少，工商业落后；反之，一个国家的大部分劳动力人口集中在城市，工商产业必然很发达，并且农业并没有因为劳动力人口减少而衰落，反而带动了农业的繁荣。因此，居住地选择不单纯是一个农民自由权利的问题，而是一个能否实现城乡均富的经济社会结构的深层次问题，居住政策选择的开放会对一个国家或民族的现代化进程起加速作用。我国台湾地区与大陆同为炎黄子孙，同样崇尚儒家思想，具有相同的思想文化传统，同样经历了几千年封建社会和小农制经济，然而由于在20世纪中叶各自采取了不同的居住政策，仅仅30多年之后，便形成了巨大的社会经济反差。台湾地区鼓励农民自由流动，有种田能力的农民实行适度规模生产，不愿种田的农民鼓励离土离乡，“政府”辅导他们转业，进城务工经营。经过30多年的发展，台湾地区的农村劳动力人口比重由20世纪50年代初的52%下降到1991年的13%，城市工商业的劳动力比重由48%上升到87%，表面上看这是居住人口的空间变化，而实际上是经历和完成了一场工业革命和产业革命，由农业主导型产业转变为工业主导型产业，由农业社会变成工业社会。

然而，我国大陆由于恢复旧中国的户口制，禁止农村劳动力人口向城市转移，一方面限制了城市工商业的发展，另一方面又把农村剩余劳动力人口大量积压浪费在农村，导致农民得不到城市化生育观念的改造。在农村宗法观念和手工操作的支配下，农村劳动力人均耕地由原来的3亩下降至2亩。在现代化进程中，别的国家和地区都是农村人口和劳动力人口逐步减少，而中国则是农村人口和劳动力人口日益增加，这是由违背现代化规律的居住政策所导致的。其严密的户口制把城市人口与农村人口分割并封闭起来，这是形成和导致中国大陆无法实现人口城市化、工业化和现代农业家庭农场经济的根本原因。

广东在改革户口制上率先迈出了一步，实行积分制入户，从20世纪90年代末实行购房入户城镇，这对推动人口城市化有一定的促进作用，对全国户口制度改革起到示范作用。然而，户籍制度改革呈现了一个无序的混乱状态。一是一些省、市、自治区改，一些省、市、自治区不改。有的省、市、自治区对全国开放户口，大多数省、市、自治区只对本省、市、自治区开放。对全国开放的主要有广东，但这造成廉价的人力资源大量涌入广东，导致广东人口暴增，由改革开放初期的1978年全省5 064万，猛增到2015年的10 849万，净增5 785万，增加114%。改革开放37年间，净增人口5 500万。如果不调整措施，按此速度下去，再过30多年即2050年时，广东人口必将再翻一番达到2亿人，人满为患，资源与人口比例将严重失调。目前广东城市化率为68.7%，然而80%以上源自外省人口的机械转移，对广东本身农村人口的拉动和转化的贡献并不大。2015年广东农业人口仍在4 000万以上，与1978年的4 240万相差无几。这种外省人口输入型的机械转移，主要冲着买房打工和积分制涌入转化而来，并且势头不减。由原来一个“人口中省”一跃成为全国第一位的“人口大省”。而一些立足于对本省开放户口的省份人口增加较少，但人口城市化率不低。如同样是沿海地区的山东，1978 年总人口 7 160 万，到 2015 年为 9 789 万。人口只增加了 2 629 万，增加 37%。2015 年城市化率为 57%，城镇人口转移来源主要是本省内。城乡收入之比是 2.73 : 1，正好是全国的平均水平。而同期广东的城乡收入比例是 28.7 : 1，城乡差距远高于同期全国的水平，比全国和山东的平均水平都高出 1.4 个百分点。二是国内有些省、市、自治区只允许本省、市、自治区的人口流出，限制其他省、市、自治区的人口移入，以致本省人口总量增长较少。这种做法有失公平。不过像广东这样全面向全国各省开放，不要求各省给自己对等开放迁移人口的待遇，实属少有，但也不见得都好，因为会造成人满为患，外省低素质人口大量涌入广东城镇乡村，人与资源严重失衡，给未来发展带来沉重的负荷，对广东来说是不可持续的城市化政策。广东的城市化不宜靠全国各省的农村人口来转化，而要像山东那样，依靠本省农村人口来转化。承担全国农村人口的城市化转移，会让广东本省的农村人口长期积压在农业上，这对广东的“三农”也是不公平的，从根本上不利于广东在全国率先全面进入家庭农场经济的模式体系。山东立足于本省人口机械转化，城市化率也不低，2015 年达到 57%，其中 80% 依然靠本省农业人口的机械转移。所以，山东对户口改革和人口城市化转移的经验值得全国学习，尤其值得广东学习和借鉴。山东不但是工业大省，也是现代农业大省，虽不是家庭农场最早的发源地，但已走在全国前列。工业创新和农业创新势头迅猛，人口城市化策略得当，城乡收入趋于缩小和合理，照这个势头发展下去，有可能率先在全国越过中等收入陷阱。如果广东依赖外省人口机械转移的城市化模式不调整，广东将率先掉进中等收入陷阱，随着时间的推移必将证明这一点。所以，全国户口改革要以省、市、自治区为单位，实行对省内开放，对省外控制，对省外实行指标配置、对等合理的办法。这样既能保持省与省之间正常的人才交流，又能调节人口分布与资源新的平衡。因此，户口改革要改变前期的一些不合理的现象，如一些省、市、自治区的人口向另一些省、市、自治区大转移，导致人口空间布局严重错位。新一轮的全国户口改革，要以省、市、自治区为改革开放区域，实行在本省、市、自治区内放开，本省、市、自治区外严格控制的政策，对本省、市、自治区外的人口迁入实行年度指标控制管理、省际人口流动和迁移实行配额管理与对等接收的办法。这必将有助于减缓广东人口的过快过高的机械增长，保障广东人口城市化的有序进行，扭转广东可能率先掉进中等收入陷阱的严峻局面。从长远来说，这有利于各省之间人口与资源的相对均衡的可持续发展，以及社会保障制度的建立和规范实施。

12.6 金融服务政策

创新农村金融，建立土地银行，服务现代农业。实行家庭承包制初期，农业生产获得较快增长，但随着时间的推移，农业增长放慢，以致日益滞后于其他产业的增长速度。农业发展不能适应其他产业发展的要求，农村金融服务缺位是关键的问题。农村金融服务问题一直是悬而未决的问题，农村金融服务成为农业发展的最大瓶颈之一。2009 年的中央一号文件，首次把建设专业性的农村金融机构列入制度设计的框架，提出建立多种形式的农村金融组织和以服务农村为主的地区性中小银行。2010—2012 年的中央一号文件及有关文件，又进一步明确了农村金融的具体形式和扶持政策。在此基础上，2013 年进一步强调发展农村金融服务，首次提出了发展家庭农场，2014 年的中央一号文件强调了加快城镇化的发展步伐，这为发展现代农业创造了良好的环境和条件。

12.6.1 家庭农场的发展需要金融信用服务

长期以来，人们陷入了为经济发展提供金融服务的误区，认为金融服务只对城市经济服务，只对工业和商业服务；而对农业如何提供金融服务，并没有足够的认识，特别是如何对分散在全国的 2.6 亿农户提供小额贷款，几近于空白。农村金融组织长期建立不起来，而城市的国有专业商业银行却不屑于进入乡镇农村为小农户提供小额贷款，使农村金融服务一直处于缺位状态，致使一些种植专业户本想扩大生产，实行适度规模的家庭农场的专业化经营，却因贷不到款而放弃。一些农产品加工业也因贷款难而半途而废。由于没有金融支持，农业生产组织难以扩大，农工商联合体和股份农业生产体系难以形成，农业产业化难以上档次、上规模。众多小农户只能长期维持简单再生产，维持自给、半自给的生产，农业商品率难以提高，长期停留在以小农户生产为特征的传统农业水平上。因此，农村金融服务网络要真正建立起来，需要进行金融机构制度和金融政策创新；建立以土地银行为主体的农村金融组织体系，为农村经济发展服务；为农村金融组织发展制定政策，规范与促进农村金融业和金融组织的发展。

传统农业是自给自足的农业，农民生产自己消费需要的产品，而不是用于以交换为目的的商品，产品生产一般够自己和家人消费就行，生产数量少，所需的资金投入很少。如果是以扩大规模为目的的商品生产，就需要投入一定资金。这就需要银行提供金融服务。农业贷款需要抵押，一般是以土地价值和级差地租平均价格作为抵押。农业贷款以低息扶持，国家对从事农业贷款的金融机构实行利息补贴，所以农村土地银行的贷款往往带有政策银行性质。它以扶持农业生产为目的，不同于以利润为目的的纯商业银行。越是进入现代化的农业，越是一个脆弱产业，它的发展离不开金融机构的服务，尤其离不开政策性金融机构的服务。如同工业、商业一样，资金是构成现代农业生产的基本要素，没有资金就只能发展自给农业，不可能发展现代型的专业化、规模化和商品化的农业。

从传统农业向商品化、规模化、市场化发展，实现农业的现代化、机械化和信息化升级，做大做强现代农业，都离不开金融服务。从传统农业向现代农业转型，就是生产手段和生产工具的革命。专业化和规模化发展所要求的从机械化到信息化的技术升级，都需要资金投入。作为农业组织，无论是集体组织还是家庭农场，农业的利润率都很低，大多靠政府补贴勉强维持，因此一般都没有多少积累投入农业的技术升级和农业生产设施、设备的购买。如果需要购买这些技术设备，必定需要金融机构提供贷款服务。然而，现实生活中，由于农业是脆弱产业，受国内外丰歉年商品供求关系影响，价格波动很大，存在的风险较大，一般商业银行不愿意提供贷款服务。

传统农业是自给农业，投入不计产出，而以家庭农场为标志的现代农业是讲求成本管理、投入产出的核算的，农业金融机构提供以土地为抵押物的贷款，虽是低息的，但不同于免费赠予，毕竟是要偿息还本的。为了偿息还本，贷款者就必须用心经营好农业，力求微利，至少保本，才能使生产进行下去。所以农业金融服务既是对农业的服务，也是对农业的约束，促进其商品属性的发展。

金融服务有利于促进家庭农场经济的形成与发展。家庭农场是迄今为止所有进入现代化的国家发展现代农业的成功之路。中国要全面实现现代化，通过发展家庭农场来实现现代农业化是不可回避的必然选择。这个过程就是小农业向大农业集中的过程，即由分散的小农经济向集体的家庭农场经济转变的过程。家庭农场经济要实行土地的集中制，就需要有农村土地银行提供金融服务。否则，家庭农场就无法扩大生产规模和实现扩大再生产。此外，还需要发展农业保险业，降低发展家庭农场的规模农业风险，为农业提供保障。

12.6.2 创新农村金融服务，促进传统农业向现代农业转型

土地银行就是以服务农业、农民和农村经济发展服务为宗旨的专业性银行。由于长期对农村金融服务的忽视，以及计划经济时代的农村信用合作社的实践失败，新型的农村金融服务网络的建设，可以说是从头做起，面临的困难和挑战是很多的。

首先，创新农村金融服务要解决三个基本问题：一是农村金融的主导形式，是以民营为主导还是以国有或集体为主导。二是如何提高农民的信用度和降低农村信贷风险。因为农村金融面对大量单家独户的小农户，一般除了土地外没有值钱的资产可供抵押，农村金融机构如果是民营机构，难以主动进入；如果是国有或集体的银行，则考虑收益问题。三是农村金融能否真正扎根农村为农村服务，还是只是充当跳板，名存实亡，农村金融服务会不会成为走过场的游戏。土地银行的主体是股份合作性质，坚持农民以土地抵押来获得为期 5 ~ 10 年的低息贷款。主办主体应以乡村、镇集体和民资等多元产权主体合作发展为主，以国家部门和省、市、区、县、镇政府扶助为辅，也可以发展以村民入股方式的农村金融合作社、土地银行等金融组织。农民以土地抵押，从金融合作社或土地银行中贷款，以 5 ~ 10 年的中长期贷款为主，建立农户贷款的信用评价体系，使村民既是金融合作组织的参股者，也是接受金融合作组织的受益者，形成约束机制，以利于农村金融服务业的长期发展。

其次，中央政府和省政府主要提供土地银行组建创立的开办费用。而业务开展的利息收入主要用于维持业务运转，包括支付管理人员工资和设施维护费用等。农村土地银行以公益性为服务宗旨，不以

营利为目的，但这并不意味着可以任其严重亏损。土地银行要本着精打细算的原则，维持银行的业务收支平衡。在一些欠发达地区，因为业务量和还贷能力相对较弱，难免会出现收支不平衡，对此要分类对待。对发达地区的土地银行要求做到微利经营，而对欠发达地区的农村土地银行则要求保本经营。根据一定的亏损额度给予补助，以维持政策的服务业务持续运行下去。

再次，加强对农村土地银行从业人员的职业培训，提高从业人员的金融业务素质，特别是学习与借鉴发达国家的农村金融业发展和为家庭农场经济提供金融服务的成功经验。国内的政策和专业商业银行要为农村金融服务人员提供业务培训，结合中国实际，探索与创造出一套符合中国现阶段家庭承包制度和农业产业化需要的农村金融服务体系。

最后，加强对农村土地银行的监督，确保农村金融组织运行与发展绩效。银监会审计部门和农业银行应加强对农村土地银行的指导、监督和审计，严防贪污挪用等违法行为，把农村金融服务体系引入困境。同时，要加强对接受信贷服务的农户和农民的诚信教育，树立诚信意识，遵守参与农村金融合作或接受农村金融信贷服务的管理条例和规定，共同维护农村金融服务的发展，确保农村金融服务体系沿着既定的目标迈进。

12.7　建立统一而完善的社会保障体系

建立完善的社会保障体系，社会保障应惠及每个公民，这是实现家庭农场化的必要条件。欧美的家庭农场之所以不断发展壮大，与它们建立了完整的社会保障体系有直接的关系。社会保障使那些在家庭农场的竞争中失利而转让农场、流转了农地产权的农民有了基本的生活保障。在农场倒闭破产后，他们依然能够体面地有尊严地活下去，不必死死抱住土地和农场不放。然而，我国的情况刚好相反，一旦失去土地，农民就会变成“三无”人员，沦落为社会边缘群体。所以，即便是已进城务工经商和建购房屋定居城镇的农民，都不会放弃土地，把土地当作命根子和最后的保障。

我国城市社会保障十多年的实践证明，社会保障对安定民心、促进改革起到积极作用。有效的农村社会保障就是实现城乡统一的基本公平的社会保障体系。社会保障不仅是城市居民的需要，更是农民的需要。事实上，农民是处于弱势地位人数最多的群体，他们比城市居民更需要社会保障服务。农村社会保障成为今后我国社会保障工作的重点。农村社会保障体系的建立必将对家庭农场化产生积极深远的影响和促进作用。

12.7.1 社会保障是实现家庭农场化的前提保障

农村有效的社会保障体系能解决土地流转的后顾之忧。建立社会保障对当前农村改革是非常必要的。尽管很多农民并不知道社会保障究竟能给他们带来多少实惠与好处，但他们当中有不少从城市失业居民领取的最低生活保障的救济金中知道农村社会保障的含义及其与自身利益的关系。

第一，发展农村社会保障是推进家庭农场经济发展的需要。千百年来，农民祖辈以土地为生，在生存的社会保障解决之前，农民绝不会轻易把土地使用权长久地流转出去。即便许多进城务工的农民和商人生活有着落，也不会轻易地把土地转让，宁愿放着荒凉，也不愿转让或租赁出去，以防有朝一日重返农村，也有一块土地为生。农村第四次土地改革的目标与途径就是在农地产权改革的基础上，推进农地的适度规模集中和土地产权的自由流转。这样将使一部分农民把土地产权转让出去成为无地农民。这些无地农民又有相当部分流入城镇，也有一部分留在农村，部分人还会由城镇向农村返流。这类农民回到农村没有土地可耕，便没有基本生活来源，又不能采取重新分配一块土地给他耕种的传统办法，只能通过社会保障制度来解决他们的基本生活出路。

第二，建立农村社会保障体现了一个国家的现代文明程度。社会保障是生产力发达、现代文明程度较高的国家率先实施的一种调节劳资关系与社会关系矛盾的重要策略和手段。它的着眼点是针对最低收入社会阶层和在社会竞争中处于最弱势地位的个人与团体。中国当前实行的社会保障的主要对象是城镇居民，然而他们与农民相比，并非收入最低和最弱势的群体。农民才是收入最低和处于最弱势地位的社会阶层，是最需要保障的群体。基于种种原因，我国社会保障选择从城镇居民开始。从世界各国社会保障的宗旨来看，我国只有选择为最低收入和最弱势地位的农民提供社会保障才是符合社会的宗旨的，由此看来，农村比城镇更需要社会保障。

第三，农村社会保障是实践社会公平正义的需要。社会保障是保护广大农民利益，因而是符合和反映最广大人民群众的根本利益、愿望与要求的。农民作为中国社会人数最多的阶层，是人民群众中的主体群众，必须对农民进行社会保障，让农民利益不因改革浪潮而受损。社会保障的开展为农村改革消除阻力，非常有利于促进生产力的发展。

第四，发展农村社会保障能维护与促进社会稳定。稳定才利于改革开放，这是我国几十年的经验教训。从历史来看，每一次历史变革都是由农民领导的，因此实行社会保障有利于农村的社会稳定和政治上的安定团结。否则，农村不稳定，社会就会混乱，国家就无法维持安定团结的局面。因此，农村社会保障不但有经济意义，而且有重大而现实的政治意义与作用。那么，发展农村社会保障是否有现实可能性？可能性经过努力是可以转化为现实性的，那么这些可能性是什么？

一是国际上有许多国家对国内发展社会保障，积累了丰富而可供参考的经验，我国也有十多年发展城镇社会保障的经验。总结国外和国内的经验教训可以使我国在发展农村社会保障中少走或不走弯路，达到事半功倍的效果。

二是我国工业进入加速发展阶段。经济持续增长，财政收入也相应增长，为发展农村社会保障提供了日益充实的物质基础。

三是公民的纳税意识增强。随着我国税收法规的完善、公民税收意识的增强和税源的扩大，可保证我国有足够财政收入来支持社会保障。

12.7.2 当前我国建立农村社会保障体系的制约因素

当前我国建立农村社会保障体系存在不少阻力。这些制约因素主要有：

一是社会保障要有投入机制。目前农村经济滞后，农业收入水平低，要从农民低收入中提取社会保障金比较困难。没有农民保险金的投入，完全靠国家投入来建立，这对国家来说是一个不小的负担。即使实行国家集体和个人各拿一点的办法，农民每人每年要拿出几百元来参加社会保障仍然是一件困难的事。如在西部地区搞合作医疗，每个农民每年要缴费100元，国家、地方、集体和个人各出100元，国家、地方、集体这100元都拿出来，但个人就是不愿意拿出这100元来，这里面有不愿意拿的，也有确实拿不出来的。说服农民拿出1/4的配套金来，还要做大量深入教育与宣传工作。

二是农民缺少社会保障意识。利用社会服务的观念没有树立起来，广大农民仍然坚持和相信靠子女是最有保障的，社会保障不过是出钱让社会来服务，这没必要。有钱自己存起来养老比交给合作医疗安全，甚至认为只有无子无女的“五保户”、孤独老人才需要社会保障。农民中普遍存在这种意识，从而制约着社会保障工作的展开和推行。

三是担心社会保障资金缴纳后得不到社会服务。因为农村通常不同程度地存在乱收费和腐败的现象，农民认为投不投保由自己决定，以后给不给服务由他人决定，担心交钱后得不到服务。所以，即使是有一定资金可以投保的农民，也绝不贸然行动。过去乱收费造成的信用缺失，影响着农村社会保障工作的开展。

四是农村农民入保缴费困难。农民占我国总人口的65%以上，即有9亿人口在农村，这9亿人中有1/3在全国或全省平均收入水平线以上，有2/3在全国或全省平均收入水平线以下，其中约占1/4的农民处于贫困生活线以下，这样人数最多的群体要进入社会保障体系，离不开国家与地方的财政支持。但光有国家与地方的财政支持是不够的，还必须让参保对象出一部分。然而，估计2/3的农民是有参保能力的，而剩下的1/3的农民，即使收取他们个人的参保费并不高，要让他们每人每年拿出几百元来投保也是一件非常困难的事情。农村社会保障是一项全民性质的福利事业，不能因为小部分农民交不起社会保障金而把他们拒绝于社会保障福利的大门之外。对特贫地区的农民，可降低甚至免交投保金，对他们实行特殊照顾也是反映一个国家的福利水平与文明程度的标志。

12.7.3 建立全国统一而又多层次的社会保障体系

所谓全国统一而又多层次的社会保障体系包括两个概念和内涵：第一，它必须是全国统一建立的，而不是一些地方建立或一些地方可以不建立，或者说有钱的就建立，没钱就不建立。不管什么地区，沿海或内地、发达或欠发达的地区，都必须把社会保障体系建立起来。第二，它是多层次的、有差别的、能体现各地经济文化发展水平差距而导致的消费负担和购买力水平的社会保障。这就是说统一的保障制度建立，不等于全国一刀切的社会保障的标准。让后进地区的消费水平和购买力水平低的城镇与农村居民，拿和发达地区的城镇与农村居民一模一样的同等数量的保障金是不现实的。这就是说，社会保障标准仍需保持一定的地区差异，才能反映各地经济收入与消费负担和物价的购买力差异，才能体现和保障公平。否则，全国一刀切就会造成发达地区和沿海地区居民的消费负担加重及购买力下降，引起新的更大的不平等。除了全国统一建立保障体系外，中央的税收和财政支付以及社会保障发放，全国应该是统一的。社会保障收入应包括中央和地方两大部分。中央部分是全国统一的，即不分沿海与内地，一律相同；而地方部分，各省则可根据各地财政能力、消费水平和购买力负担水平，制定发放标准。这样既体现全体社会成员可享受国家主体层面提供的相同国民待遇和保障基数相等的公平，又反映各地区收入消费和购买力负担存在的差异得到地方的必要补充，形成有差异的相对均等的社会保障体系，让城乡的居民都能享受到相对公平的社会保障服务。我们追求的社会保障应是质量上的相对公平，而不是数量上的绝对等量。反之，数量上的绝对等量，就意味着质量上的不公平。为此，必须从以下五个方面着手：

一是转变观念，树立保障意识。通过多种方式，深入细致地做好宣传工作，帮助农民转变观念，树立参保维保的保障意识。农村的农民是一个较为松散的群体，尤其是边远地区信息不灵，观念变化较慢，他们对新思想要经过一个认识与接受的过程。因为农民还不知道社会保障是怎么回事，即使知道了也不知道是否可靠，这就需要帮助农民提高认识。帮助提高认识仍然离不开宣传工作，但不能采取强迫命令，那样只会适得其反。只有通过事实让他们感到社会保障确实能给他们带来福利，吸引尚未参保的农民自愿参保，才能使参保和缴纳社会保障费用成为越来越多农民的自觉行动。

二是从实际出发，分类指导。要根据各地经济发展平衡的实际，建立适合各地不同收入与生活水平的社会保障体系，制定不同档次的社会保障标准。原则上，发达地区的农村投入标准相对高一些，而次发达地区标准相对低些，大体形成一种高、中、低三个档次的符合各地经济发展与收入的实际生活水平的社会保障体系。这样可供社会各阶层、群体的人员选择，灵动性就大得多。如大型的家庭农场主及家庭成员，生活质量要求较高，在农场有盈利时，就可以投保第一档次；中小农场主，可以投第一档次，也可以投保第二、第三档次。农村社会保障体系切不可搞一刀切，在全国不搞一刀切，在同一个省的同一个行政区内也不搞一刀切，而要分级差来建立。这体现了规范性和灵活性的统一。

三是建立社会保障基金监管机制。为了保障社会保障事业的开展，取信于民，社会基金的筹划与管理要制度化，并建立相应的管理机制，防止出现各种违规违纪、贪污、挪用社会保障资金的行为。要把社会保障基金放在银行，由银行统一支付社会保障金。社会保障机构必须依法运作，执行好农村社会保障基金规章，不能调度或挪用社会保障金作他用。严厉查处与打击骗取、截留、贪污和挪用农村社会保障金的行为，要把社会保障金切实发放到社会保障对象手中。

四是形成多层次的社会保障体系。从实际出发，建立多层次的社会保障，实行“三个一点”的投保政策，即国家出一点、地方出一点、个人出一点。根据不同地区的经济水平，“三个一点”的比例大小搭配可灵活掌握，不得搞一刀切。对经济收入达到全国或者全省平均水平的地区，“三个一点”的比例可以等额，即国家、地方与个人出的额度相同；对低于全国或全省平均水平的地区，可以依据具体程度，实行国家与地方出中头、个人出小头的做法；对特困地区则应更灵活些，实行国家与地方出大头、个人出零头的做法。因为特困地区没有资金收入来源，他们拿不出每年100多元的投保费。从实际出发，分类指导，量力而行，实行多层次的参保原则，按照国家、地方和个人缴费的总量，在领取社会保障金时则按照缴交的比例享受保障标准。

五是尤其重视无地和失地农民的社会保障。社会保障是覆盖全体公民的社会保障，努力使农村所有农民参与投保，实现应保尽保，绝不漏保。特别是对失地、无地和无业的农民，地方政府要主动帮助他们落实办理社会保障手续和个人缴纳部分的经费来源问题。这个群体的农民能否得到有效的社会保障服务，关系到社会能否稳定和家庭农场能否顺利发展。如果失地和无地农民因得不到社会保障，一心想着闹着要重新分配土地耕种和自保，家庭农场就会半途而废。要让社会保障服务像普照的阳光一样，照到每个公民，让他们都受益，不因失地、无地或转让流转了小块土地，而失去生存的希望。对农村特困户，即原来的“五保户”，要特事特办，免交个人的社保费，并使他们全部参加社会保障，为农村土地流转和适度规模的家庭农场的发展创造良好的社会保障环境。

参考文献

［1］赵冈编著：《农业经济史论集：产权、人口与农业生产》，北京：中国农业出版社 2001 年版。

［2］毛泽东：《毛泽东选集》（第三卷），北京：人民出版社 1991 版。

［3］黄宗智：《华北的小农经济与社会变迁》，北京：中华书局 1986 年版。

［4］詹姆斯·C. 斯科特著，程立显、刘建等译：《农民的道义经济学：东南亚的反叛与生存》，南京：译林出版社 2001 年版。

［5］《风险和市场风险》，《农民日报》，2000 年 4 月 7 日第 3 版。

［6］王乃耀：《十六世纪英国农业革命》，《史学月刊》1990 年第 2 期。

［7］潘义勇：《产权经济学》，广州：暨南大学出版社 2008 年版。

［8］潘义勇：《国有农场产权制度改革的目标》，《经济研究》1995 年第 4 期。

［9］潘义勇：《发展我国效率与规模兼容的家庭农场》，《经济研究资料》1997 年第 1 期。

［10］潘义勇：《改革户籍制度　实行人口城市化和工业化》，《学术论坛》1992 年第 2 期。

［11］潘义勇：《论传统农业文明向现代工业文明转换的户籍障碍》，《江苏社会科学》1994 年第 1 期。

［12］张新光：《论农地平分机制向市场机制的整体性转轨》，《西北农林科技大学学报（社会科学版）》2003 年第 5 期。

［13］CHRIS E & TAD D. “Farm subsidies at record levels as congress considers new farm bill". CATO briefing papers, October18, 2001. available at: http://www.cato.org/pubs/brifs/bp70.pdf.

[14] "Family farms overview". available at: http://budget.house.gov/UploadedFiles/Pathtoprosperity2013.pdf.

[15] PAUL R. "The path to prosperity: a blueprint for American renewal". available at: http://budget.house.gov/UploadedFiles/Pathtoprosperity2013.pdf.

[16] 江惠生主编：《广东农村改革发展史论》，北京：人民日报出版社 2009 年版。

[17] 方天堃、陈仙林主编：《农业经济管理》，北京：中国农业大学出版社 2005 年版。

后　记

20 世纪 90 年代中期，笔者当时在最大的经济特区海南省府智囊机构工作，在临近不惑之年的时候，笔者给自己确立了一个业余研究课题——家庭农场化，并在不惑之年完成了初稿。

本课题的确立源于笔者在海南省府研究中心工作期间有机会深入各市县调研。海南丰富的海洋资源众所周知，海南的土地资源、热带资源实在太丰富了，但是海南的国有农场也好，集体经济也好，搞得都不成功，乡镇企业几乎空白。国有农场和国有企业一样严重亏空。国有农场都像农村一样分包到户。无论是国营农业还是家庭承包，海南农业依然发展不起来。建省办特区初期，各级财政都很困难，机关职员和学校教师工资发不出，节流开源成为一个重要课题。其中开源成为主要矛盾。

海南农业在建省前，基本的农产品食品都不能自给。建省办特区之初，针对海南建省后是办成像深圳特区式的经济特区，还是比特区特别的“自由岛”，有过激烈的争论，当时省委、省政府领导都有不同的认识。后来担心办成“自由岛”后，断了内地的农产品供应，吃饭都成问题，最终比特区更特的“自由岛”没有办成。当然还有其他原因，担心粮食不能自给就是其中一个很重要的原因。

海南的农业资源比许多省市都好，比面积相当的台湾地区还好，为什么台湾地区的农产品有大量剩余和出口，海南农业却没能发展起来，连自给都困难，这完全是体制问题，国营农场体制、农村集体共耕制让人们完全丧失劳动生产的积极性。农业发展不起来，工业就成为无米之炊。所以，海南乡镇企业发展不起来，农村集市贸易也发展不起来，农民自给即安，对在农贸集市摆卖农产品没兴趣。买卖羞耻是观念问题，根源在于体制，是长期实行计划经济造成的后果。海南是全国的一个缩影，内地存在的问题在海南都有集中的表现。

基于这一认识，海南农业发展不能再固守国有农场发展模式，也不能照搬内地的家庭承包方式，否则将难有作为，走不出传统农业的老路。当年笔者在《经济研究》发表了《国有农场产权制度改革目标》一文，提出了“我国农地产权改革目标之一，就是要实现家庭农场制度”。

此文和随后的系列论文发表，成为笔者写作此书的原动力之一。当时提出这个理念和观点，无论是在海南省理论界还是内地理论界，都不能接受，更不用说要获得研究和出版资助。

如今，本著作为自立课题，获得广东省社会科学院的个人选题研究成果出版补贴，从而使本书在广东顺利出版，与读者见面。20 年前写于海南，在后来的修改中，笔者还借鉴和吸取了国内外专家学者的研究成果。所列参考文献，因历时较久，几经修改和遗失补充，疏漏在所难免，在此谨向在研究过程曾参考过其文献的专家学者致谢。

此书旨在抛砖引玉，促进我国对家庭农场化进行广泛和深入的研究。笔者相信今后会有越来越多深入研究家庭农场的著作出版，更相信在不久的将来，家庭农场会像雨后春笋般涌现和生长，成为我国农业走向现代化的主导模式和“阳光道”。

潘义勇

2016 年秋　广州